MASCHA KAUKA

Einkochen und Einlegen

Weltbild

Impressum

Konzeption, Redaktion und Rezepte: Mascha Kauka, Moosburg

Dipl. oec. troph. Andrea Brenner

Umschlaggestaltung und Layout: H.S. Medien GmbH, Helma Strobel, Starnberg

Lithoarbeiten: Kaltner Media GmbH, Bobingen

Druck und Bindearbeit: Appl, Wemding

Printed in Germany

ISBN 3-89604-250-5

MASCHA KAUKA

Einkochen und Einlegen

Weltbild

Inhaltsverzeichnis

Weichsel
KÜRBIS JOHANNA

Vorwort

Als Kind mit dem Finger im Marmeladenglas erwischt worden zu sein, war zwar unangenehm, aber richtig leid hat es uns auch nicht getan. Naschen ist einfach zu schön!

Heute stecken wir den Finger ins eigene Marmeladenglas und freuen uns, daß es niemand verbieten kann. Naschen ist ein bißchen Luxus im Alltag, und dieses Buch verhilft uns dazu.

„Einkochen und Einlegen" ist zu einem ganz besonderen kulinarischen Thema geworden. Die reine Vorratshaltung, vor allem von Gemüse, ist in der Tiefkühltruhe richtiger angesiedelt als in Gärtöpfen und Einmachgläsern. Wir können uns heute den Luxus gönnen, durch Einkochen und Einlegen dem schieren Genuß zu frönen; es geht ja nicht mehr darum, satt über den Winter zu kommen. Auch, wer im eigenen Garten, auf der Beerenplantage oder im Supermarkt günstig „erntet", kann es sich leisten, nur einzukochen, was ihm wirklich schmeckt.

Natürlich machen viele der Zubereitungen Mühe oder kosten etwas Zeit, aber auch das Ergebnis ist ein Dauererfolg. Die selbstgekochten Konfitüren bereiten uns monatelang einen guten Morgen. Wenn überraschend Besuch kommt, werten Essiggemüse und Chutneys die kalte Platte auf. Gewürzöle, Liköre und eingelegte Früchte, zum Beispiel, sind ebenso hübsche wie leckere Geschenke.

Wer einkocht und einlegt, hat außerdem das Ohr am Puls der Natur. Rund ums Jahr wird das jeweils beste Marktangebot verarbeitet. Es macht Spaß, sich auf Erdbeeren im Mai zu freuen, ein wenig vor der Zwetschgenschwemme im September zu zittern und sich im Winter mit Exoten auszutoben. Und das alle Jahre wieder.

Aus dieser Tradition entstanden die vier Hauptkapitel des Buchs vom Frühling bis zum Winter. Die „Küchenpraxis" am Anfang faßt die wesentlichen Informationen zu den einzelnen Produktgruppen zusammen: die nötige Küchentechnik, etwas Warenkunde, ein Blick auf traditionelle Verfahren und das Bekenntnis zu den modernen Mitteln, die Arbeit und zum Beispiel Kalorien sparen helfen. Was zählt, ist schließlich nur das Ergebnis.

Wir wünschen viel Freude beim Einkochen und gutes Gelingen!

Küchenpraxis

Beeren, Obst und Wildfrüchte vorbereiten

Ob Sie Beeren kaufen oder selbst pflükken, zu Hause müssen sie immer gleich aus der Verpackung genommen und ausgebreitet werden. Die Beeren verlesen, noch nicht waschen, und zum Aufheben auf dem Tablett mit Papier bedecken. Kühl und dunkel lagern. Beeren sollten spätestens nach einem Tag verarbeitet werden.

Alle Beeren – besonders Himbeeren und Erdbeeren – sind empfindlich gegen Druck und Wasser. Himbeeren nur falls nötig waschen. Erdbeeren, Stachel- und Johannisbeeren vertragen eine sanfte Dusche: In kleinen Portionen in ein Sieb geben, nach der Dusche gut abtropfen lassen und auf Küchenpapier ausbreiten. Erst dann Stiele und Blütenkelche abzupfen. Bei Johannisbeeren geht das Abstreifen von den Rispen am schnellsten mit einer Gabel.

Eine Ausnahme bilden Holunderbeeren, da sie roh meist noch recht fest sind. Die reifen Holunderbeeren mit einer Gabel von den Dolden streifen und mehrmals waschen.

Am besten in einer Schüssel mit reichlich Wasser stehen lassen und alle Teilchen, die an der Oberfläche schwimmen, mit einer Schaumkelle abfischen.

Blaubeeren wie auch Preiselbeeren werden in stehendem Wasser gewaschen: Die Beeren in kaltes Wasser legen und gründlich umrühren. So steigt alles, außer den gesunden Beeren, an die Oberfläche und kann abgefischt werden. Den Vorgang evtl. 2 - bis 3 mal wiederholen.

Schlehen sollte man erst nach dem ersten Frost ernten. Roh sind sie ungenießbar sauer, deshalb gewinnt man den Saft oder das Mus für Gelees, Konfitüren und Liköre. Für diese Zubereitungen werden die Früchte samt ihrer Kerne zerkleinert bzw. gekocht und dann abgeseiht.

Schlehen sollten nach dem Waschen gründlich und schnell getrocknet werden. Dazu rüttelt man sie in einem Küchentuch hin und her.

Aus Hagebutten bereitet man meist Konfitüre oder Gelee. Jedenfalls ißt man sie nur gekocht. Zur Vorbereitung werden die Hagebutten entstielt und die Blütenansätze abgeschnitten. Am besten trägt man Gummihandschuhe, denn die kleinen Borstenhaare im Inneren sind als Juckpulver bekannt! Hagebutten halbieren, zwischen zwei Fingern zusammendrücken und die Kerne mit einer Messerspitze herauskratzen. Die Schalenhälften vor dem Kochen mehrmals gründlich waschen.

Sanddornbeeren sollten reif, aber nicht überreif gepflückt werden. Da die zarte Haut bei Berührung gleich platzt, schneidet man die Beeren am besten mit einer kleinen Schere direkt vom Ast. In viel kaltem Wasser vorsichtig waschen und zum Abtropfen in ein Sieb schütten.

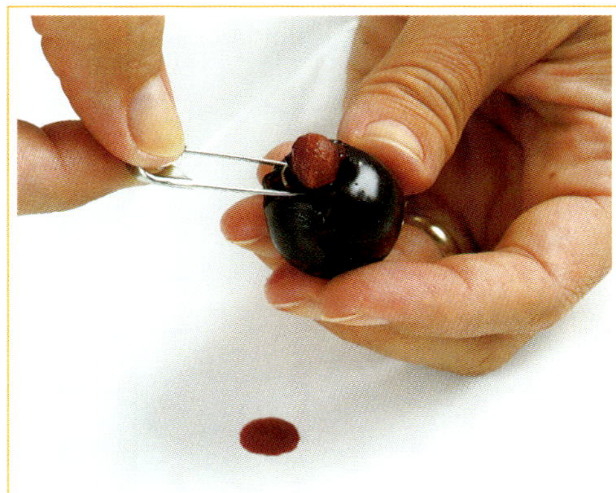

Kirschen sind empfindlich. Man sollte sie am besten sofort verbrauchen. Auf einem Tablett ausgebreitet und kühl gestellt, halten sie 1 bis 2 Tage. Kirschen immer erst waschen und dann entstielen, damit nichts von ihrem Saft verlorengeht.

Das Entsteinen geht am schnellsten mit den Fingern. Den Stein aus der Kirsche drücken und den Saft auffangen. Man erhält dabei Kirschenhälften. Sollen die Kirschen ganz bleiben, nimmt man einen der handelsüblichen Entsteiner. Es gibt Hand- und Tischgeräte. Viele haben ein Zusatzteil, um auch Zwetschgen zu entsteinen.

Besonders wenig Saft geht beim Entsteinen mit der Sicherheitsnadel verloren: Man hält sie am Verschluß und drückt den Ring am Stielansatz in die Krische. Der Stein bleibt im Ring hängen, so daß man ihn leicht herausziehen kann.

Der Kern im Stein hat viel Aroma! Knacken Sie einige Kirschsteine und kochen Sie den inneren Kern mit dem Kompott. Der Geschmack ist wie Bittermandel. Die Blausäure, die die Kerne enthalten, verfliegt beim Kochen.

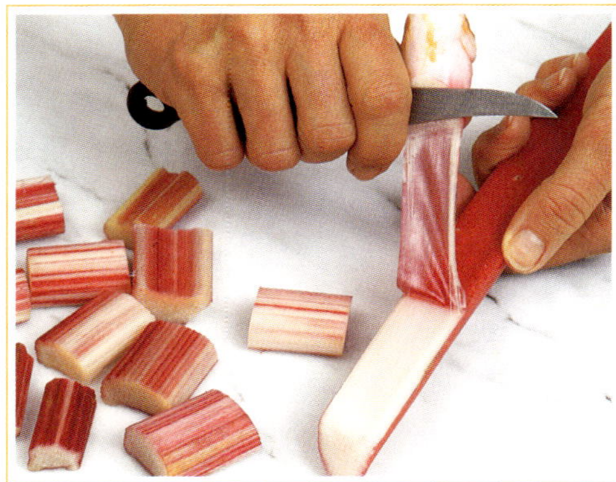

Es gibt den abgebildeten „Himbeer-Rhabarer" mit hellem Fleisch. Andere Sorten sind rot- oder grünfleischig, die Haut ebenfalls rot oder grün mit Übergängen.

In vielen Rezepten wird empfohlen, die faserige Haut abzuziehen. Das geht am besten nach dem Waschen beim Kappen der Enden. Man schneidet das Ende nicht ganz durch und kann so die Haut von einer Stangenhälfte im Stück abziehen.

Immer häufiger werden aber zarte Stengel angeboten, die nicht geschält werden müssen. Mit Haut bleiben die Rhabarberstückchen besser in Farbe, Form und Geschmack.

Im Inneren seiner ledrigen Haut hat der Granatapfel unendlich viele Kernchen, die von geleeartigem, aromatischen Fruchtfleisch umschlossen sind. Die Samenkörner können gegessen werden, sind aber sehr gerbsäurehaltig und schmecken herb. Für fast alle Granatapfelrezepte braucht man den Saft. Dazu die waagrecht halbierten Früchte auf der Zitruspresse auspressen.

Blanchieren und Häuten: Für viele Rezepte wird die Haut von Aprikosen, Pfirsichen, Nektarinen oder Zwetschgen abgezogen. Dazu reichlich Wasser aufkochen und eine Schüssel mit kaltem Wasser und Eiswürfeln bereithalten. Die Früchte je nach Größe 5 bis 20 Sekunden ins kochende Wasser geben, mit der Schaumkelle herausheben und in das Eiswasser legen. Danach läßt sich die Haut mit Hilfe eines kleinen Messers leicht abziehen.

Es gibt Birnen- und Apfelquitten, die sich in der Form entsprechend unterscheiden. Alle haben einen Flaum auf der Schale, der als erstes entfernt werden muß: Die Quitten mit einem sauberen Tuch rundherum abreiben. Erst dann evtl. waschen und wieder gut trocknen.

Da rohe Quitten sehr hart sind, lassen sie sich nur mit einem kräftigen Messer zerteilen. Die Früchte vierteln und die Viertel in Würfel schneiden. Zur Saftgewinnung müssen Blüten und Kerne nicht entfernt werden.

Zitrusfrüchte filetieren: Um von Orangen und Grapefruits schöne Filets ohne Haut zu erhalten, schneidet man die Schale samt der weißen Haut rundherum ab. Dann die Frucht in die Hand legen und mit einem kleinen, scharfen Messer entlang der Trennhäute einschneiden. Dabei kann man jedes Filet zu beiden Seiten von oben einschneiden. Perfekter wird es allerdings ausgelöst, wenn man hinter dem Filet bis zur Fruchtmitte schneidet, das Filet umklappt und es mit dem Messer von der vorderen Trennhaut schiebt.

Zitrusschalen werden mehr oder weniger fein gerieben. Für viele Rezepte braucht man aber etwas dickere Streifen. Gleichmäßige Schalenstreifen von Zitrusfrüchten erhält man auf verschiedene Weise: Mit dem Juliennereißer (Limette), der hauchdünne Streifen

mehr abkratzt als abschneidet. Der Zesteur, auch Garniermesser für Zitrusfrüchte genannt, schält nicht nur gleichmäßige Schalenstreifen, sondern dient zum Verzieren von Früchten. Natürlich können breite Schalenstreifen bzw. -spiralen von Zitrusfrüchten mit dem Sparschäler möglichst dünn abgeschält werden.

Wie viele andere tropische Früchte, ist auch die Ananas besonders empfindlich. Sie verträgt keine Kälte - niemals in den Kühlschrank legen - und keinen Druck. Am besten hängt man die Ananas zum Nachreifen an ihrem Schopf auf.

Schälen und Scheiben schneiden: Die Ananas am Schopf packen und im ganzen schälen. Dabei gerade so tief schneiden, daß die „Augen" gleich mit entfernt werden. Die untere Kappe mit dem Stielansatz abschneiden, die Frucht in Scheiben schneiden und das harte Mittelstück ausstechen.

Um das Ananasfleisch in Würfel oder Stücke zu schneiden, viertelt man die geschälte oder ungeschälte Ananas der Länge nach, schneidet das harte Mittelstück aus und zerkleinert dann weiter nach Wunsch.

Marmeladen und ihre süßen Verwandten

Einkochen lohnt sich, weil die selbstgemachten Konfitüren den gekauften im Geschmack nach wie vor überlegen sind. Aber machen Sie keinen Großkampftag daraus, indem Sie die Früchte gleich zentnerweise verarbeiten! Beim Einkochen ist weniger mehr: mehr Spaß und mehr Lust aufs nächste Mal.

Wer kennt die Namen?

Früher hieß ein mit Zucker eingekochter, dicker Fruchtbrei Marmelade. Fruchtstückchen durften nicht mehr erkennbar sein. Konfitüre dagegen mußte deutlich Früchte oder Stücke davon enthalten. Das wurde von „Europa“ geändert: Marmelade dürfen nur noch reine Zitrusfruchtzubereitungen genannt werden, wie sie vor allem in England Tradition haben. Alles andere, ob nun breiig, musig oder mit Stückchen, heißt Konfitüre. Gelees dagegen sind, was sie immer waren: klare, durchscheinende Zubereitungen aus Obstsäften.

Verschiedene Zuckersorten und Einmachhilfen

Damit Marmeladen, Konfitüren und Gelees fest und haltbar werden, müssen sie einen hohen Zuckergehalt (um 65%) aufweisen. Dieser wird durch eine Mischung von Zucker und Früchten im Verhältnis 1:1 erreicht. Zusammen mit dem fruchteigenen Zucker summiert sich das Ganze auf die

notwendigen 65%. Für die Zubereitung bedeutet das, daß die Menge des Zuckers bei besonders süßen, reifen Früchten etwas herabgesetzt werden kann. Soweit das traditionelle Wissen.

Aus geschmacklichen und gesundheitlichen Gründen reduzieren wir heute die Zuckermenge: Auch bei nur dreiviertel oder sogar halb soviel Zucker wie Früchten kann eine gute Haltbarkeit erzielt werden. Voraussetzung sind allerdings peinliche Sauberkeit bei der Verarbeitung und luftdicht schließende Gläser. Zum Einkochen nimmt man entweder normalen Haushaltzucker (Würfel- oder Kristallzucker) oder Gelierzucker, der Pektin und Weinsteinsäure enthält. Beides beschleunigt das rasche Gelieren auch von saftigen und wenig pektinhaltigen Früchten.

Pektin ist ein Geliermittel, das hauptsächlich aus Äpfeln, Quitten und Zitrusschalen gewonnen wird. Es ist auch in anderen Früchten enthalten, vor allem in sauren und noch nicht ganz reifen. In einigen Gelierhilfen sind zusätzlich chemische Konservierungsstoffe. Darauf sollte man lieber verzichten.

Zur Haltbarmachung darf Sorbinsäure verwendet werden, wie sie in der Natur vorkommt, zum Beispiel in Preiselbeeren.

Zucker sparen: Weniger ist mehr!

Durch Gelierzucker (oder dem Zucker zugesetzte flüssige Gelierhilfe) verkürzt sich die Kochzeit ganz erheblich, was dem frischen Fruchtgeschmack zugute kommt. Außerdem gibt es „Extra-Gelierzucker" und „Konfitürenzucker" im Handel, mit denen ein großer Teil des sonst nötigen Zuckers eingespart wird. Mit 500 g dieser Zuckersorten lassen sich 1000 bis 1250 g Früchte zubereiten. Vorteil: Die Konfitüren sind nicht nur wesentlich kalorienärmer, sondern schmecken auch viel fruchtiger und leckerer als die ganz süßen. Angenehm ist auch die blitzschnelle Herstellung mit diesen Gelierzuckern: Das Stehen und Saftziehen der eingezuckerten Früchte über Nacht erübrigt sich, und die Kochzeit reduziert sich auf 1 bis 4 Minuten.

Hinweis

Da jeder selbst entscheiden soll, welchen Zucker er verwendet, wird in den Rezepten „Gelierzuckermenge nach Packungsanleitung" angegeben. Die Zukkermenge berechnet sich dann nach der im Rezept angegebenen Obst- oder Saftmenge.

Die Nährwerte wurden traditionell auf der Basis 1:1 berechnet, also 1 kg Zucker auf 1 kg Frucht.

Wichtig: Die Gelierprobe! Bei allen Arten Gelierzucker ist die auf der Packung angegebene Kochzeit einzuhalten.

Auf traditionelle Weise hergestellt Konfitüren und Gelees müssen einer Gelierprobe unterzogen werden: Einen Tropfen der Masse vom Kochlöffel auf einen kalten Teller tropfen lassen. Die Konfitüre ist fertig, wenn der Tropfen auf dem Teller die Form behält und schnell geliert.

Tip

Die Früchte müssen tadellos sein, ohne Druckstellen und nicht überreif. Braune Stellen großzügig ausschneiden.

Angeschimmelte Früchte - selbst wenn es nur eine kleine Stelle ist - ohne Wenn und Aber wegwerfen. Der schädliche Schimmelpilz hat sich schon in der ganzen Frucht verteilt, auch wenn er noch nicht mit bloßem Auge zu erkennen ist.

Der Topf zum Kochen muß so groß sein, daß er von den Früchten nur halb gefüllt wird. So kann die schäumende Masse nicht überkochen. Gläser und Deckel sauber auswaschen und vor dem Abfüllen noch einmal heiß ausspülen. Auf einem Küchentuch gestürzt abtropfen lassen. Nicht mit dem Tuch austrocknen!

Wenn Sie Gelierzucker verwenden, bei dem kurze Kochzeiten vorgeschrieben sind, nicht mehr als 2,5 kg Früchte auf einmal verarbeiten. Genaues Arbeiten ist sonst nicht möglich. (Das gilt nicht für Einkochen nach Großmutterart mit normalem Zucker bei langer Kochzeit.)

Die hier beschriebenen, kleinen Mengen leckerer Konfitüre werden ja wohl nicht so lange stehen, daß sie verschimmeln. Sollte das Malheur doch einmal passieren, gilt das gleiche wie oben: Weg damit, ohne Rücksicht auf Verluste!

GLÄSER UND VERSCHLÜSSE

Zum Abfüllen von traditionell hergestellten Konfitüren (ohne Gelierhilfe und 1:1) eignet sich jedes hitzebeständige Glas mit glattem Rand. Entweder sofort, noch ganz heiß verschließen oder abwarten, bis der Inhalt völlig ausgekühlt ist.

Gläser ohne Deckel

Heiß verschließen: Pergamentpapier spannen, das durch die Hitze fest mit dem Glas verklebt. Oder: Pergament, Cellophan oder Wachspapier im Durchmesser der Glasöffnung rund ausschneiden und auf die Konfitüre legen. Papierkreis vorher in Alkohol (geschmacklich passender Obstschnaps) tränken. Damit keine Luftblasen bleiben, das Papier mit dem Finger glattstreichen. Dann ein mit Wasser angefeuchtetes Blatt Cellophan mit der nassen Seite nach außen über den Glasrand spannen und nach unten ziehen. Mit Gummiringen oder Bindfaden befestigen.

Kalt verschließen: Gelees zum Beispiel kann man vor dem Verschließen erst völlig auskühlen lassen. Wird das Gelee innerhalb kurzer Zeit aufgebraucht, genügt es, einen Papierkreis (wie oben beschrieben) auf das Gelee zu legen und das Glas mit Cellophan zu schließen.

Gläser mit Vakuumverschluß

Marmeladen und Konfitüren, die mit besonderem Gelierzucker hergestellt sind, der weniger Zucker als Frucht erfordert, müssen immer heiß in vorbereitete Schraubgläser gefüllt werden, Gläser fest verschließen und sofort für etwa 10 Minuten auf den Kopf stellen. Nur so ist der Glasinhalt luftdicht abgeschlossen und vor Schimmelbildung geschützt. Praktisch sind Gläser mit Vakuumschraubverschluß, sogenannte Twist-Off-Gläser, bzw. Gläser mit zweiteiligen Deckeln (Deckel und Schraubring).

Die Konfitüre kochendheiß in die vorbereiteten Gläser füllen. Ebenfalls heiß gespülte Deckel sofort aufschrauben. Da heiße Luft sehr dünn ist, entsteht beim Abkühlen direkt über der Oberfläche des Einmachgutes ein luftleerer Raum. Durch dieses Vakuum wird der Deckel fest auf das Glas gesaugt. Bei zweiteiligen Deckeln nach dem Auskühlen der Gläser den Schraubring noch einmal fest nachziehen.

Alle verschlossenen Marmeladen, Konfitüren und Gelees an einem kühlen, dunklen und trockenen Ort lagern!

Englische Orangenmarmelade
(ohne Gelierhilfe)

einfach, braucht Zeit

- 1 kg unbehandelte Orangen, wenn möglich mit 1 Bitterorange
- etwa 800 g Zucker

Die ganzen Orangen in Wasser kochen, bis sie so weich sind, daß sich die Schale mit einem Strohhalm durchstechen läßt. Das dauert ca. 30 Minuten.

Die abgekühlten Orangen vierteln. Die Schale läßt sich vom Fruchtfleisch leicht abziehen.

Die Schale längs halbieren und die weiße Haut mit einem kleinen, biegsamen Messer flach herausschneiden. Die gelbe Schale in feine Streifen schneiden. Fruchtstücke an der Innenkante halten und das Fleisch großzügig von den Trennhäuten schneiden, dabei die Kerne entfernen.

Das Fruchtfleisch abwiegen und mit der gleichen Menge Zucker vermischen. Weiße Haut, Kerne und Trennhäute in ein Mullsäckchen binden. Alles zusammen mit 100 ml Wasser in einem Topf sprudelnd bis zur Gelierprobe kochen – etwa 25 Minuten.

Das Mullsäckchen ausdrücken, entfernen und die heiße Marmelade in gespülte Gläser füllen. Sofort verschließen.

Nährwerte insgesamt
Kilokalorien 3710, Kilojoule 15550, Eiweiß/g 10, Kohlenhydrate/g 890, Fett/g 2, Ballaststoffe/g 22,0

Schneller als die klassische englische Orangenmarmelade sind Konfitüren aus unserem Sommerobst, vor allem aus Beeren, zubereitet. Es lohnt sich aber auch, Gelee und Sirup selbst zu kochen – sie schmecken einfach besser, und stolz kann man auch noch darauf sein!

Konfitüre aus Pfirsich und Wassermelone

einfach, braucht Zeit

- 1,2 kg gelbe Pfirsiche
- 250 g Wassermelonenfleisch
- 500 g Gelierzucker, 2 1/2 : 1
- abgeriebene Schale von 1/2 unbehandelten Zitrone
- 5 cl Orangenlikör

In einem weiten Topf Wasser zum Kochen bringen. Die Pfirsiche darin etwa 20 bis 30 Sekunden blanchieren. Dann unter kaltem Wasser abschrecken und mit einem Messer häuten.

Das Fruchtfleisch vom Kern lösen und würfeln. Das Pfirsichfleisch wiegen: Es soll 1 kg sein.

Das Melonenfleisch klein würfeln.

Die Pfirsichwürfel in einem großen Topf mit Zucker und Zitronenschale mischen. Mit dem Pürierstab so zerkleinern, daß noch Stückchen bleiben.

Die Fruchtmasse unter Rühren zum Kochen bringen. Die Melonenwürfel zugeben. 3 Minuten sprudelnd kochen lassen, den Likör einrühren und die Konfitüre sofort in heiß gespülte Twist-Off-Gläser füllen. Die Gläser 10 Minuten auf den Kopf stellen.

Nährwerte insgesamt
Kilokalorien 2660, Kilojoule 10910, Eiweiß/g 9, Kohlenhydrate/g 623, Fett/g 2, Ballaststoffe/g 18,5

Damit die Schichten gleichmäßig übereinander liegen, die heiße Konfitüre erst löffelweise am Rand verteilen und dann langsam zugießen.

MIT ALLEN GUTEN GEISTERN

Spirituosen in Konfitüren und Gelees heben den Fruchtgeschmack oder verleihen eine aparte Note.

Am einfachsten ist es, den zur Frucht gehörenden Geist zu wählen: also Kirschwasser in die Kirschkonfitüre, Marillengeist in die Aprikosen, Calvados zum Apfelgelee usw. Auch Verfremdungen bekommen den eingekochten Früchten meist vorzüglich: Marillengeist an Erbeeren, Orangenlikör zu Pfirsichen oder Whisky zu Orangen schmekken wunderbar.

Wichtig: Für das Gewicht des Alkohols die gleiche Menge Zucker zufügen!

Treiben Sie es bunt!

Konfitüren müssen nicht einfarbig sein. Rote Tupfen in einer gelben Konfitüre oder mehrere verschiedenfarbene Schichten in einem Glas – das sieht hübsch aus und ist auch besonders lecker, weil die einzelnen Fruchtsorten herausschmecken.

Für bunte Streifen: drei Konfitüren nacheinander kochen und jeweils 1/3 hoch in die Gläser füllen.

Hier sind es Konfitüren von Kiwis, weißen Pfirsichen und Himbeeren.

KALT GERÜHRTE KONFITÜREN

Schonender für Geschmack und Inhaltsstoffe ist es, Konfitüren nicht zu kochen, sondern kalt zu rühren. Diese Zubereitungen sind natürlich nicht sehr lange haltbar (einige Wochen im Kühlschrank).

Frische oder tiefgekühlte Beeren werden mit dem Pürierstab grob püriert. Dann gibt man löffelweise Honig dazu (125 g auf 500 g Beeren) und rührt so lange weiter, bis eine einheitliche, dickliche Masse entstanden ist. In heiß ausgespülte Gläser füllen und sofort fest verschließen.

Sehr gut, aber etwas mühseliger sind mit Zucker kalt gerührte Preiselbeeren nach Großmutterart, siehe Seite 84.

KONFITÜRE AUS DER MIKROWELLE

Für die schnelle Zubereitung kleiner Mengen Konfitüre ist die Mikrowelle sehr gut geeignet. Zum Beispiel:

Himbeerkonfitüre

einfach, Blitzrezept
1 großes Glas

- 300 g Himbeeren (evtl. auch TK)
- 300 g Gelierzucker
- abgeriebene Schale von 1/2 Zitrone
- 1 EL Zitronensaft
- 2 EL Himbeergeist oder Wodka

Die Früchte mit Zucker und Zitrone in einem großen Gefäß mischen. Es sollte nur 1/3 hoch gefüllt sein. Die Form zudecken und 6 Minuten bei 600 Watt bzw. 5 Minuten bei 700 Watt garen. Die Früchte umrühren und weitere 5 bzw. 4 1/2 Minuten zugedeckt garen. Noch einmal umrühren und 3 1/2 bzw. 3 Minuten geschlossen garen.

Zuletzt Himbeergeist oder Wodka einrühren.

Die kochendheiße Konfitüre randvoll in ein vorbereitetes Glas füllen, sofort fest verschließen und 10 Minuten auf den Kopf stellen.

Nährwerte insgesamt
Kilokalorien 1320, Kilojoule 5520, Eiweiß/g 4, Kohlenhydrate/g 314, Fett/g 1, Ballaststoffe/g 20,1

GELEES

Folgende Früchte eignen sich zum Geleekochen: Johannisbeeren, Brombeeren, Quitten, Äpfel und Birnen, Ananas, Holunderbeeren, Weintrauben, Rhabarber, Orangen, Grapefruits, Zitronen und Limetten.

Zum Einkochen ist nur der Saft der Früchte nötig. Zitrusfrüchte kalt pressen.

Bei den übrigen Früchten den Saft wie folgt heiß gewinnen.

Johannisbeer-Himbeergelee

Den Topfboden mit Wasser bedecken, Himbeeren und gewaschene Johannisbeeren einfüllen und sehr weich kochen (15 bis 20 Minuten).

Den Saft durch ein Seihtuch in eine Schüssel tropfen lassen. Das Beerenpüree im Tuch etwas wenden, aber nicht pressen - pressen macht das Gelee trüb!

Saft abmessen und mit der gleichen Menge Zucker (1 kg Zucker auf 1 l Saft) bis zur Gelierprobe kochen: etwas heißes Gelee auf einen kalten Teller tropfen. Wenn es stark genug eingekocht ist, behält der Tropfen die Form und geliert schnell. Die Masse gut abschäumen.

Bei der Verwendung von Gelierzucker die vorgeschriebene Menge und Zeit beachten.

Das heiße Gelee in heiß gespülte Gläser füllen und sofort verschließen oder ganz auskühlen lassen und kalt verschließen.

Entsaftungszeiten im Schnellkochtopf für

1kg Obst	Minuten
Beeren	10
Kernobst	22
Trauben	22
Steinobst	15
Rhabarber	15

Gefrorene Früchte jeweils 5 bis 6 Minuten länger entsaften.

ENTSAFTEN

Für Gelees wie für Sirup muß der Saft von Obst und Beeren gewonnen werden. Das traditionelle Entsaften durch Kochen der Früchte, siehe Johannisbeer-Himbeergelee, Seite 21, ist für durchschnittliche Mengen im Haushalt empfehlenswert.

Für kleinere Mengen ist der Schnellkochtopf ideal zum einfachen Entsaften: Je nach Fruchtsorte (weich/hart) 1/8 –1/4 Liter Wasser auf den Topfboden gießen und den ungelochten Einsatz hineinstellen.

Das vorbereitete, gezuckerte Obst in den gelochten Einsatz füllen und auf die ungelochte Bodenschale setzen. Den Topf schließen, entlüften und den Kochregler auf Stufe II stellen; nach Erscheinen des zweiten Ringes beginnt die in der Tabelle angegebene Entsaftungszeit.

Wichtig: Den Topf nicht mit Wasser abkühlen oder abdampfen lassen. So lange warten, bis der Druckanzeiger von selbst in die Ausgangsstellung zurückgegangen ist. Erst jetzt den Kochtopf öffnen. Den Locheinsatz mit den Obstrückständen herausnehmen. Den heißen Saft sofort in vorbereitete, heiß gespülte Flaschen füllen und verschließen.

Zum Entsaften großer Mengen braucht man spezielle Entsaftertöpfe mit Abfüllschlauch (im guten Haushaltswarengeschäft erhältlich).

Roh entsaften

Kleinere Mengen von Beeren, wie z.B. Erdbeeren, Himbeeren oder Johannisbeeren, können auch roh entsaftet werden, und zwar durch Zugabe von Zitronensäure. Die grob zerdrückten Beeren müssen 24 Stunden mit der in Wasser aufgelösten Zitronensäure ziehen. Danach den Saft abfiltern und weiterverarbeiten oder mit Zucker gründlich verrühren und kalt in saubere Flaschen füllen. Die fest verschlossenen Flaschen kühl aufbewahren! So hat man für kurze Zeit ein herrliches Fruchtgetränk.

Vorbereitung der Früchte

Anders als bei der Zubereitung von Konfitüren können zur Saftgewinnung auch Früchte aus niedrigeren Handelsklassen verwendet werden. Sie sind preiswerter, ohne die Qualität des Saftes zu beeinträchtigen. Natürlich muß auch billiges Obst einwandfrei sein. Angefaulte Früchte unbedingt wegwerfen. Alles Obst vor der Saftbereitung kurz, aber gründlich waschen und anschließend gut abtropfen lassen.

Wichtig: Immer nur so viel Obst ernten oder kaufen, wie an einem Tag verarbeitet werden kann!

Beim Zerkleinern von Äpfeln, Birnen und Quitten muß das Kernhaus nicht entfernt werden. Preisel- und Heidelbeeren, Erdbeeren, Johannis- und Stachelbeeren können mit Stielchen und Blütenansatz entsaftet werden. Aprikosen, Pfirsiche und Pflaumen werden vorher entsteint. Kirschen können im ganzen entsaftet werden.

Vorbereitung der Flaschen

Ganz gleich ob Sie Fruchtsaft oder -sirup auf Flaschen ziehen, die meisten Flaschen, die ohnehin im Haushalt vorhanden sind, eignen sich zum Abfüllen. Wichtig ist nur, daß die Verschlüsse einwandfrei sind, damit der Inhalt völlig luftdicht verschlossen werden kann.

Ideal sind Flaschen mit Bügelverschluß (Bajonettverschluß), aber auch Flaschen mit Twist-Off-Verschlüssen. Wollen sie alte Flaschen (Weinflaschen) verwenden, sollten Sie Gummikappen kaufen, die es in verschiedenen Größen gibt. Vorteil der Gummikappe ist, daß man nach dem Erkalten des Inhalts feststellen kann, ob die Flasche wirklich luftdicht verschlossen ist. Die Kappe muß nach innen gewölbt sein. Bei Gärung hebt sich die Kappe durch den Überdruck und wölbt sich nach außen. Die Flasche kann allerdings nicht platzen.

Alte Flaschen 1 Tag lang in Wasser legen, dann mit Spülmittel und Bürste sorgfältig reinigen. Nach dem Ausspülen mit klarem Wasser auf dem Kopf stehend trocknen lassen. Auch neue Flaschen sollten einmal mit Bürste und Spülmittel gereinigt sein.

Vor dem Einfüllen des Saftes die Flaschen bei 100 °C im Backofen je nach Größe 8 bis 12 Minuten erhitzen.

Gebrauchte Gummikappen und Ringe von Bügelverschlüssen in Salzwasser auskochen und in klarem, kochenden Wasser nachspülen.

Vor Gebrauch die Gummikappen oder -ringe nochmal in kochendes Wasser legen und erst zum Schließen der Flaschen einzeln herausnehmen.

SIRUP KOCHEN

Fruchtsirup ist mit Zucker haltbar gemachter Fruchtsaft. Die meisten Sirupe werden aus gekochtem Saft hergestellt, man kann sie aber auch aus rohem Saft zubereiten. Dazu eignen sich besonders weiche und saftreiche Früchte wie Beeren und Zitrusfrüchte. Allerdings ist Sirup aus rohem Saft auch bei guter Lagerung höchstens 4 Monate haltbar.

Das Saftgewinnen für den Sirup erfolgt genauso wie für das Geleekochen. Sirup wird allerdings immer mit reinem Zucker und nur sehr kurz gekocht – er soll ja nicht gelieren!

Den abgelaufenen Saft abmessen und mit der entsprechenden Zuckermenge (1 l Saft : 1 kg Zucker) in einem emaillierten Kochtopf oder Edelstahltopf 2 Minuten sprudelnd kochen lassen. Dabei mehrmals umrühren und abschäumen.

Den heißen Sirup in die noch warme Flasche füllen, damit sie nicht springt. Die fest verschlossenen Flaschen an einem dunklen und kühlen Ort aufbewahren. Falls die Flaschen mit Korken verschlossen sind, muß das Lager auch trocken sein.

Sirup verwendet man z.B. zu Cocktails mit oder ohne Alkohlol, als Erfrischungsgetränk mit Mineralwasser oder Sekt verdünnt, über gestoßenem Eis oder zur Parfümierung von Fruchtsalaten, Kompott und Eisdesserts.

ZUCKER KOCHEN – ZUCKERSIRUP

In süßen Rezepten tauchen mitunter rätselhafte Begriffe auf: Da werden Williamsbirnen in „Läuterzucker" pochiert, Zucker „zum Ballen" gekocht, vor dem Kandieren sogar „zum Bruch". Im folgenden finden Sie Erklärungen und Anleitungen für die Zuckerküche.

Vom leichten Sirup bis zum Karamel durchläuft der Zucker beim Kochen eine ganze Reihe von Stadien, die bei der Dessertzubereitung von Bedeutung sind.

Küchenprofis benutzen für die Bestimmung der Zuckerdichte eine „Zuckerwaage", die in Grad Baumé den Zuckergehalt der Lösung mißt (Monsieur Baumé war ein französischer Apotheker des 17. Jahrhunderts).

Einfacher geht es mit dem Zuckerthermometer, da jedes Stadium der Dichte eine bestimmte Temperatur hat.

Rezepte führen häufig die Zuckerproben an: zum Faden, Flug, Ballen, Bruch usw. kochen. Am häufigsten wird Zuckersirup verwendet, auch Läuterzucker genannt. Die Bezeichnung stammt aus der Zeit, als für feine Rezepte der nicht raffinierte Zucker noch geläutert, d.h. gereinigt werden mußte.

Zur Herstellung von Zuckersirup ist eine handliche Stielkasserolle mit dickem Boden am besten geeignet, weil beim Zuckerkochen leichtes Rütteln des Topfes das Umrühren ersetzt. Beim Rühren besteht die Gefahr, daß der Zucker kristallisiert und „abstirbt", wie es in der Fachsprache heißt.

Läuterzucker/leichter Sirup

500 g Zucker in 1/2 Liter Wasser aufkochen und 1 1/2 Minuten weiterkochen. Zieht man ein Sieb oder eine Schaumkelle durch den Sirup, bildet sich ein dünner Schleier. Dieser Sirup läßt sich gut auf Vorrat herstellen.

Schwacher Faden

250 g Zucker mit 1/8 Liter Wasser kochen. Einen Tropfen Sirup am Holzlöffelstiel entnehmen und zwischen den angefeuchteten Fingerspitzen auseinanderziehen. Ergibt zwischen 104 °C und 108 °C einen kürzeren oder längeren Faden.

Flug

Beim Weiterkochen erreicht der Zucker den Flug: ein Sieb, eine Schaumkelle oder eine Drahtschlinge in die Lösung tauchen und leicht durchpusten. Wie bei Seifenblasen bilden sich zwischen 108 °C und 115 °C kleinere oder größere Blasen.

Ballen oder Kugel

Wird die Lösung noch weitergekocht, erreicht sie bei 116°C bis 125°C das Stadium des Ballens. Sirup vom Löffel ins kalte Wasser tropfen lassen. Der Sirup wird sofort zur zähen, formbaren Masse, die sich zur Kugel bzw. zum Ballen rollen läßt.

Bruch

Lösung weiter einkochen. Ein wenig Sirup, ins Wasser gegossen, wird sofort hart, ist aber noch klebrig (bei ca. 140 °C, „kleiner Bruch"). Wird er bis auf 150 °C gekocht, bricht er wie Glas und klebt nicht mehr („großer Bruch").

Karamel

Bei rund 160 °C beginnt der Zucker, der nun kein Wasser mehr enthält, Farbe anzunehmen. Von zartgelb bis kräftig braun reicht die Palette. Vorsicht, das geht sehr rasch!

Zuckercouleur

Ab 180 °C beginnt der Zucker zu verbrennen. Die dunkelbraune bis schwarze Masse hat keine Süßkraft mehr, sie dient zum Färben. Den angebrannten Zucker mit heißem Wasser ablöschen, nochmals aufkochen und zur Aufbewahrung abfüllen.

Achtung: *Zuckerkristalle, die sich beim Kochen am Rand absetzen, müssen mit einem nassen Pinsel sofort abgewaschen werden! Sonst passiert folgendes: Die Kristallisierung greift vom Rand aus auf die gesamte Zuckermasse über. Der Zucker „stirbt ab" und ist nicht mehr verwendbar.*

Obst einkochen und einlegen

Kompott ist eine feine Sache, wenn die Fruchtstücke möglichst groß, möglichst fest und möglichst aromatisch sind. Das bedeutet: kleine und mittlere Früchte ganz lassen, höchstens halbieren, nur große Früchte vierteln bzw. in große Stücke schneiden. Das Obst nur kurz garen und Gewürze und Alkohol zur Frucht passend wählen.

Natürlich muß das Ausgangsprodukt, das Obst selbst, von erster Qualität sein: reif, aber fest und makellos. Zum Kompottkochen eignen sich unsere europäischen Beeren und Obstsorten besser als die Exoten. Dazu kommen Flüssigkeit, Zucker und Gewürze. Als Flüssigkeit empfehlen sich außer Wasser geschmacklich abgestimmte Fruchtsäfte und Wein. Der Zucker kann normale Haushaltsraffinade sein, für manche Zubereitungen „extra fein", damit er sich schnell und völlig löst. Die Gewürze sind die gleichen wie für die Konfitüren aus den verschiedenen Früchten: Vanille, Zimt, Gewürznelken, Sternanis, Ingwer, Zitrusschale. Auch Minze, Zitronenmelisse, Zitronengras oder Lavendel können einen raffinierten Akzent setzen. Obstbrände und -liköre sind oft das I-Tüpfelchen, wie z.B. Birnenschnaps zu Birnenkompott, Kirschlikör zu Kirschkompott usw.

Bei Steinobst (z. B. Kirschen, Aprikosen, Pfirsichen, Zwetschgen) empfiehlt es sich, einige Steine zu knacken und die Kerne mitzukochen.

Für das Einkochen von Kompott gibt es verschiedene Möglichkeiten:

- Eine gewürzte Zuckerlösung aufkochen, die Früchte darin kurz pochieren, samt dem heißen Sud in saubere Gläser füllen und sofort fest verschließen. Hält etwa 6 Monate.
- Die rohen oder blanchierten Früchte in Einmachgläser legen, mit abgekühlter Zuckerlösung übergießen, verschließen und im Wasserbad im Backofen einkochen. Hält bis zu einem Jahr.

In beiden Fällen muß die Flüssigkeit die Früchte im Glas bedecken.

Es gibt auch spezielle Einkochkessel. Für gelegentliches Einkochen im normalen Haushalt genügt aber der Backofen.

Vorbereitung:

- Immer nur so viele Früchte kaufen bzw. ernten, wie man an einem Tag verarbeiten kann.
- Vor dem Kochen alle Gläser, Deckel und Ringe gründlich spülen und die Gläser zum Ablaufen kopfüber auf ein Tuch stellen.
- Zum Abfüllen von Kompott wie von Konfitüre einen Einfüllring verwenden, so bleibt der Glasrand sauber.
- Die Gläser beim Einfüllen auf ein feuchtes Tuch aufstoßen, damit sie dichter gefüllt werden können. Die Früchte bis etwa 2 cm unter den Rand der Gläser einfüllen, die aufgegossene Flüssigkeit muß sie ganz bedecken. Dann fest verschließen.

Für das Pfirsichkompott werden die Pfirsiche kurz in sprudelnd kochendem Wasser blanchiert. Mit einer Schaumkelle herausheben und in Eiswasser legen. So lassen sich die Pfirsiche leicht häuten. Die Früchte halbieren oder vierteln und dabei die Steine entfernen.

Zucker mit Wasser oder Weißwein und den Gewürzen (Nelken und Zitronenschale) aufkochen und 5 Minuten klarkochen. Die Pfirsiche einlegen, die Hitze unter dem Siedepunkt halten und die Früchte je nach Größe 8 bis 10 Minuten pochieren (garziehen lassen). Die Früchte in saubere Einmachgläser schichten, Nelken und Zitronenschale entfernen und die Gläser mit dem heißen Sud auffüllen. Sofort fest verschließen!

Alternative: Das Kompott in den Gläsern einkochen

Die Pfirsiche, wie links beschrieben, blanchieren, abschrecken und häuten. Die Früchte halbieren, entsteinen und mit der Rundung nach oben in saubere Einmachgläser schichten.

Die Zutaten für die Zuckerlösung 5 Minuten sprudelnd kochen, dann etwas abkühlen lassen und die Gewürze entfernen. Den Sud über die Pfirsiche gießen, bis sie bedeckt sind, und die Gläser verschließen. Den Backofen auf 180 °C vorheizen (Ober- und Unterhitze). Gefüllte Gläser gleicher Größe und gleichen Inhalts in die Fettpfanne des Backofens stellen und kaltes Wasser gut 1 cm hoch angießen. Die Gläser dürfen sich nicht berühren. Die Kompottgläser im Wasserbad so lange aufheizen, bis die Flüssigkeit im Glas perlt, dann den Backofen abstellen und das Kompott bei der Nachwärme 30 Minuten im Ofen stehen lassen. Die Gläser beim Herausnehmen unbedingt vor Zugluft schützen, am besten mit Küchentüchern abdecken. Nach dem Auskühlen die Klammern entfernen und die Verschlüsse kontrollieren.

So wird das Kompott haltbar: Obst wird üblicherweise bei Temperaturen von 70 bis 100 °C eingekocht bzw. pasteurisiert (die Sterilisation von Gemüse erfolgt bei 100 bis 130 °C). Diese Temperaturen gewährleisten die Vernichtung der Keime im Einmachgut und das luftdichte Verschließen der Gläser. Beim Erhitzen dehnen sich die im Glas noch befindliche Luft und der Wasserdampf aus, so daß Überdruck entsteht. Das bewirkt ein leichtes Anheben des Deckels und ein Teil der Luft kann entweichen. Beim anschließenden Abkühlen zieht sich die restliche Luft zusammen, es entsteht ein Unterdruck, durch den sich der Deckel fest ansaugt und das Glas gut verschließt.

Achtung: Längeres Einkochen bringt nicht mehr! Es genügt das einmalige Perlen in der Flüssigkeit. Bei längerem Pasteurisieren/Sterilisieren gehen nur Farbe, Konsistenz und Nährwerte verloren.

Geistreiche Früchte

Obst und Alkohol sind wie füreinander geschaffen. Das beweisen die Obstbrände, der Rumtopf, die Pflaume in Armagnac, die Feige in Wodka, der Kullerpfirsich oder die flambierten Sauerkirschen. Die Früchte entwickeln durch den Alkohol ein wundervolles Aroma, und der Alkohol selbst wird durch den Obstsaft angenehm fruchtig.

Es können alle Früchte einzeln oder gemischt verwendet werden. Sie müssen allerdings absolut fleckenlos und reif, aber noch fest sein. Wichtig ist außerdem das Früchte-Zucker-Alkoholverhältnis. Je höher der Alkoholgehalt, desto weniger Zucker ist nötig und umgekehrt.

Pflaumen und Zwetschgen nicht waschen, sondern nur mit einem Tuch abreiben.

Früchte, die nicht entsteint oder halbiert werden, rundherum 3- bis 4mal anstechen.

Gemüse einlegen

Gemüse kann genauso wie Obst in Gläsern eingekocht (sterilisiert) werden. Das ist allerdings bei den heutigen Einfriermöglichkeiten nicht mehr empfehlenswert. Ganz anders verhält es sich mit dem Sauereinlegen von Gemüsen und dem Konservieren von Gemüsepasten und -saucen (Chutney, Ketchup usw.). Dabei entstehen neue Speisen, die auf anderem Weg nicht zu bekommen sind.

Essigsaures Gemüse

Im Sommer geht es dem Gemüse an den Kragen: Es wird ins Glas gesperrt und darüber ziemlich sauer. Dabei entwickeln sich goldgelber Kürbis, weißer Kohl, grüne Gürkchen, rote Bete und viele andere zu ungeahnten Genüssen.

Gemüse, in Essig eingelegt und fest verschlossen, ist bei sorgfältiger Arbeit jahrelang haltbar. Mehr als die Haltbarkeit aber ist der pikante Geschmack ein Argument für die Arbeit, die man sich mit dem Einlegen macht. Beim Selbermachen lassen sich eben Geschmacksnuancen erzielen, die man bei gekaufter Ware oft vermißt.

Mixed Pickles

einfach, braucht Zeit

- 2,5 kg gemischtes Gemüse wie Blumenkohlröschen, grüne Bohnen, Lauch, Möhren, Stangensellerie, Perlzwiebeln, Cocktailtomaten, Maiskörner etc.
- 4 EL grobes Salz

Marinade
- 1 l Essig
- 400 g Zucker
- 4 kleine Chilischoten
- 4 EL Senfkörner
- 4 Lorbeerblätter
- 3 Knoblauchzehen

Das Gemüse schälen und in gleichmäßige Stücke schneiden (Möhren und Sellerie mit dem Buntmesser). Die Cocktailtomaten mehrfach einstechen. Die Gemüsemischung in einer Schüssel lagenweise einsalzen und an einem kühlen Ort über Nacht ziehen lassen. Essig mit 1 Liter Wasser und Zucker aufkochen. Das Gemüse unter fließendem Wasser spülen und gut abgetropft im kochenden Sud 2 bis 3 Minuten blanchieren. Herausheben und abtropfen lassen. Alle Gewürze in den Sud geben und aufkochen.

Das Gemüse in heiß gespülte, noch warme Gläser füllen, die heiße Marinade zugießen und die Gläser sofort verschließen. Mixed Pickles vor Verbrauch 1 Woche ziehen lassen.

Nährwerte insgesamt
Kilokalorien 2210, Kilojoule 9220, Eiweiß/g 46, Kohlenhydrate/g 478, Fett/g 6, Ballaststoffe/g 71,0

Gläser sterilisieren

Das Einmachgut hält sich nur in sauberen Gläsern. Besonders wichtig ist das, wenn kalt abgefüllt wird. Gläser, Deckel und Gummiringe auskochen und bis zum Abfüllen im heißen Wasser liegen lassen.

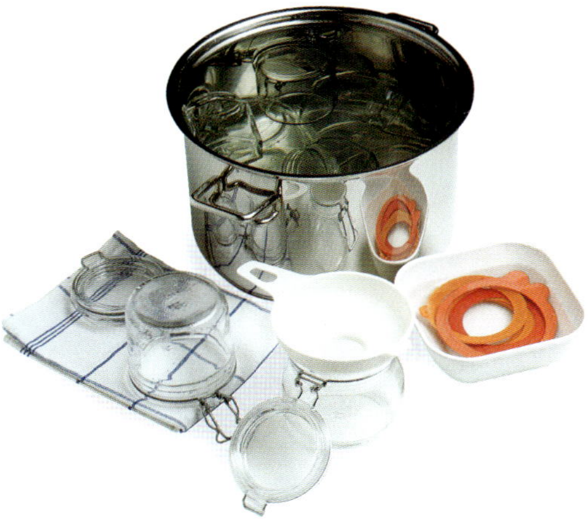

Milchsauer einlegen

Das milchsaure Gären ist eine uralte Konservierungsmethode, bei der Gemüse ohne Zugabe von Essig sauer wird. Man legt es nur mit etwas Salz und evtl. Wasser ein. Eine Gärhilfe zum Start können kleine Mengen Molke oder Wein sein. Der Begriff „milchsauer" wird verwendet, weil die gleichen Bakterien am Werk sind wie bei der Milchsäuerung.

Experten in dieser Methode sind die Osteuropäer: gegorene rote Bete sind unentbehrlicher Bestandteil für einen echten Borschtsch und Salzgurken eine beliebte Nascherei.

Sauerkraut, die Vitamin-C-Bombe

Bei uns legt man hauptsächlich Weißkohl zum Gären ein. Das fertige Produkt, rohes Sauerkraut, ist auch deshalb so gesund, weil sich während der Gärung massenhaft neue Vitamine bilden.

Die Herstellung ist im Prinzip einfach, erfordert aber etwas Muskelkraft, weil das gehobelte Kraut im Faß so lange mit einem Holzstampfer bearbeitet werden muß, bis Saft aus den Kohlschnipseln austritt.

Mit Blättern bedeckt und mit Steinen beschwert, gärt das Kraut mehrere Tage bei Zimmertemperatur, bis es in einen kühleren Raum umzieht.

Mit Rille gegen Kahm

Für größere Mengen Gemüse gibt es Gärtöpfe (5, 10 und 20 Liter). Das sind Steinguttöpfe mit einer Rille im Rand, in die der Deckel gesetzt wird, und die man anschließend mit etwas Wasser füllt. So können zwar überflüssige Gase austreten, aber Luft und Bakterien nicht eindringen. Sie würden einen weißen Belag auf der Oberfläche verursachen, den sogenannten „Kahm". Diese Kahmschicht ist kein Schimmel und ist ungefährlich, beeinträchtigt aber den Geschmack und macht das Wasser unnötig trüb. Deshalb mußte vor der Erfindung der Gärtöpfe das Kraut 2 Wochen lang täglich „geputzt", das heißt von der Kahmschicht befreit werden.

Für kleinere Mengen Gemüse gibt es Einmachgläser mit gerilltem Rand.

Wichtig: Das Gemüse muß immer zugedeckt (mit Blättern) und mit einem sauberen Stein beschwert sein. Beim Einschichten des Gemüses entsprechend Platz lassen! Das Wasser muß über die Blätter reichen.

Weniger Arbeit für schnelle Esser

Wieviel Mühe das Einlegen macht, hängt auch davon ab, wann das saure Gemüse verspeist werden soll. Nochmaliges Aufkochen der Marinade am nächsten Tag oder nach 3 Tagen, wie es in manchen Rezepten vorgeschrieben ist, dient der Haltbarmachung. Es ist erforderlich, wenn das Gemüse erst mal für ein paar Monate im Vorratsschrank verschwinden soll. Wer schon weiß, daß er seine Gürkchen innerhalb kürzester Zeit verputzt, muß sich diese Arbeit nicht unbedingt machen.

Dasselbe gilt für Einmachhilfe, auch unter der Bezeichnung „Einmachwunder" oder „Gurkenwunder" im Handel. Dabei handelt es sich um nichts anderes als Konservierungsstoffe wie Benzoesäure und andere, die der Schimmelbildung vorbeugen. Wenn sicher ist, daß das Gemüse gar keine Zeit haben wird, Schimmel anzusetzen, kann auf die chemische Hilfe verzichtet werden.

Tip

Damit nichts verdirbt

- *Das Gemüse muß einwandfrei sein. Schon leichte Druckstellen können bewirken, daß im Lauf der Zeit der gesamte Inhalt eines Glases verdirbt.*

- *Salz, Essig und Zucker konservieren. Die angegebenen Mengen also unbedingt einhalten. Wird z.B. Zucker weggelassen oder reduziert, entsprechend mehr Essig bzw. Salz zufügen. Nur wenn das Gemüse bereits nach ein paar Tagen gegessen werden soll, darf man den Sud milder halten.*

- *Eine der wichtigsten Regeln: Der Sud soll möglichst einen Fingerbreit über dem Gemüse stehen. Was aus dem Wasser ragt, wird unweigerlich Schimmelpilze anziehen.*

- *Eingemachtes heiß verschliessen. Das erzeugt beim Abkühlen ein Vakuum, was ebenfalls die Haltbarkeit erhöht. Ob Schraubverschluß, Deckel mit Gummiring oder Einmachhaut, heiß verschlossen und auch sonst sorffältig verarbeitet, ist Essiggemüse mindestens 1 Jahr haltbar.*

ühling für immer«

Himbeer-Johannisbeerkonfitüre

einfach

- 1 kg vorbereitete Beeren:
  500 g Himbeeren,
  500 g rote Johannisbeeren
- Gelierzuckermenge
  nach Packungsanleitung
- 6 cl Himbeergeist

Die Himbeeren verlesen und abzupfen, aber nach Möglichkeit nicht waschen. Die Johannisbeeren waschen und von den Stielen streifen.

Die Beeren mit dem Zucker nach Anleitung aufkochen und möglichst kurz sprudelnd kochen lassen. Den Himbeergeist einrühren und die kochendheiße Konfitüre in saubere Gläser füllen, fest verschließen und 10 Minuten auf den Kopf stellen.

Nährwerte insgesamt
Kilokalorien 4430, Kilojoule 18590, Eiweiß/g 12, Kohlenhydrate/g 1060, Fett/g 3, Ballaststoffe/g 70,5

Stachelbeer-Kiwi-Johannisbeerkonfitüre

einfach

- 1 kg geputzte Früchte:
  500 g grüne Stachelbeeren,
  300 Kiwis, 200 g weiße Johannisbeeren
- Gelierzuckermenge nach
  Packungsanleitung
- 6 cl Gin

Die Stachelbeeren waschen, putzen und abtropfen lassen. Die Kiwis schälen und vierteln. Die Johannisbeeren waschen und von den Stielen streifen.

Die Stachelbeeren mit dem Zucker unter Rühren aufkochen. Dann die Kiwis und die Johannisbeeren zugeben und weitere 4 Minuten kochen. Wenn fast alle Stachelbeeren geplatzt sind, den Gin einrühren und die kochendheiße Konfitüre in saubere Gläser füllen. Fest verschließen und 10 Minuten auf den Kopf stellen.

Nährwerte insgesamt
Kilokalorien 4560, Kilojoule 19080, Eiweiß/g 9, Kohlenhydrate/g 1090, Fett/g 3, Ballaststoffe/g 38,4

Erdbeer-Rhabarber-Bananenkonfitüre

einfach

- 1 kg geputztes Obst: 600 g Rhabarber, 250 g Erdbeeren, 150 g Banane
- Gelierzuckermenge nach Packungsanleitung
- 1 Zitrone
- 1 Messerspitze Zimt

Die Rhabarberstangen waschen, die Enden kappen und die Stangen abziehen. Den Rhabarber in kleine Stücke schneiden. Die Erdbeeren waschen, sorgfältig abzupfen und halbieren oder vierteln. Die geschälte Banane in Stücke schneiden.

Das Obst mit der entsprechenden Zuckermenge und dem Saft der Zitrone mischen und zum Kochen bringen. Den Zimt zugeben und die Konfitüre sprudelnd kochen lassen, bis sie musig einkocht. In saubere Gläser füllen, fest verschließen und 10 Minuten auf den Kopf stellen.

Nährwerte insgesamt
Kilokalorien 4350, Kilojoule 18230, Eiweiß/g 7, Kohlenhydrate/g 1050, Fett/g 2, Ballaststoffe/g 21,8

Erdbeerkonfitüre

einfach

- 1 kg reife, feste Erdbeeren
- Gelierzuckermenge nach Packungsanleitung

Die Erdbeeren waschen, abzupfen und große Früchte halbieren. Mit dem Zucker im Topf mischen und unter Rühren zum Kochen bringen. Nach Anleitung einige Minuten sprudelnd kochen lassen, sofort in saubere Gläser füllen und fest verschließen.

Variation: Zu Erdbeeren paßt Orangengeschmack. Zur Konfitüre entweder die fein geriebene Schale einer halben unbehandelten Orange geben oder 4 Eßlöffel Orangenlikör oder beides, wenn man den Orangengeschmack intensiver möchte.

Erdbeeren können auch mit anderem Obst kombiniert werden: 750 g Erdbeeren und 250 g Himbeeren, Stachelbeeren oder Rhabarber. Nach Belieben den Saft einer Zitrone zugeben.

Nährwerte insgesamt
Kilokalorien 4360, Kilojoule 18270, Eiweiß/g 8, Kohlenhydrate/g 1050, Fett/g 4, Ballaststoffe/g 19,4

Stachelbeerkonfitüre mit Ingwer und Minze

einfach

- 1 kg grüne Stachelbeeren
- 2 cm frische Ingwerwurzel
- 1 Zitrone
- 3 Zweige frische Minze
- 750 g brauner Zucker

Die Stachelbeeren putzen, waschen und abtropfen lassen. Den Ingwer schälen und sehr fein hacken. Die Zitrone auspressen. Die Minze waschen, trockentupfen und die abgezupften Blätter grob hacken.

Die Stachelbeeren mit 1/4 Liter Wasser zum Kochen bringen und unter häufigem Rühren etwa 20 Minuten sehr weich kochen. Den Brei durch ein feines Sieb streichen und wiegen: auf 750 g braunen Zucker kommt 1 kg Fruchtbrei (Verhältnis 3:4).

Das Stachelbeermus mit dem Zitronensaft aufkochen. Nach und nach den Zucker einrühren und die Konfitüre unter ständigem Rühren etwa 15 Minuten weiterkochen. Währenddessen den aufsteigenden Schaum mehrmals abschöpfen. Die Konfitüre ist fertig, wenn sie zähflüssig vom Löffel tropft. Nun die gehackten Minzeblätter einrühren und die Konfitüre in saubere Gläser füllen. Sofort verschließen und 10 Minuten auf den Kopf stellen.

Nährwerte insgesamt
Kilokalorien 3470, Kilojoule 14540, Eiweiß/g 8, Kohlenhydrate/g 832, Fett/g 2, Ballaststoffe/g 28,5

Johannisbeergelee

einfach

- 1 l roter oder schwarzer Johannisbeersaft
- Gelierzuckermenge nach Packungsanleitung

Die Johannisbeeren waschen und entweder dampfentsaften oder mit sehr wenig Wasser kurz aufkochen und den Saft durch ein Tuch ablaufen lassen, siehe Seite 22. Den abgemessenen Saft mit dem Gelierzucker verrühren, nach Anleitung aufkochen und wenige Minuten sprudelnd kochen lassen. In saubere Twist-Off-Gläser füllen und fest verschließen.

Variation: Nur 3/4 Liter Johannisbeersaft verwenden und mit 1/4 Liter Himbeersaft oder 1/4 Liter abgeseihtem Orangensaft ergänzen. Weitere Zubereitung wie beschrieben.

Nährwerte insgesamt
Kilokalorien 5070, Kilojoule 21260, Eiweiß/g 9, Kohlenhydrate/g 1220, Fett/g 1, Ballaststoffe/g 0

Himbeergelee

einfach

- 1 l Himbeersaft
- Gelierzuckermenge nach Packungsanleitung
- Saft von 1 Zitrone

Die Himbeeren roh entsaften, dampfentsaften oder mit ganz wenig Wasser aufkochen und den Saft durch ein Tuch ablaufen lassen, siehe Seite 22.

Den kalten Beerensaft mit Zucker mischen und aufkochen. Nach Anleitung sprudelnd kochen lassen. Den Zitronensaft durch ein Teesieb zugießen und einrühren. Das Gelee in saubere Twist-Off-Gläser füllen und fest verschließen.

Nährwerte insgesamt
Kilokalorien 4440, Kilojoule 18590, Eiweiß/g 12, Kohlenhydrate/g 1060, Fett/g 3, Ballaststoffe/g 0

Eingekochte Stachelbeeren werden für Desserts (Stachelbeer-Fool) und Kuchen (Stachelbeer-Baisertorte) verwendet. Geschmacklich harmonieren Stachelbeeren z. B. mit Ingwer, Minze, Zitrone und mit Gin.

Stachelbeerkompott

einfach, Blitzrezept

- 1 kg grüne Stachelbeeren
- 250 g Zucker
- 1 Zimtstange
- 1 Zitrone, unbehandelt

Blüten und Stiele von den Stachelbeeren entfernen; das geht am besten mit der Küchenschere. Die Beeren waschen und abtropfen lassen. In einem Topf den Zucker mit 1/2 l Wasser klarkochen. Die Zimtstange zugeben und die fein abgeschälte Schale der Zitrone.

Wenn der Sirup Blasen wirft, die Stachelbeeren zugeben, aufkochen und 4 Minuten köcheln lassen. Zimtstange und Zitronenschale entfernen. Die Beeren samt Sirup in heiß gespülte Gläser füllen und fest verschließen.

Nährwerte insgesamt
Kilokalorien 1440, Kilojoule 6040, Eiweiß/g 8, Kohlenhydrate/g 334, Fett/g 2, Ballaststoffe/g 28,4

Rhabarberkompott

einfach, braucht Zeit
4 Portionen

- 500 g Rhabarber
- 200 g Zucker
- 125 ml Weißwein
- abgeriebene Schale von 1/2 unbehandelten Zitrone
- 1 Messerspitze Zimtpulver
- 1/2 Vanilleschote

Den Rhabarber abziehen (zarte Stengel müssen nicht geschält werden), Enden kappen und waschen. Die Stangen in 2 bis 3 cm große Stücke schneiden, in einem Topf sofort zuckern und 30 Minuten Saft ziehen lassen.

Mit Weißwein, abgeriebener Zitronenschale und Zimt würzen. Die halbe Vanilleschote aufschlitzen und zugeben.

Bei schwacher Hitze im geschlossenen Topf dünsten, bis der Rhabarber fast gar ist, dabei den Topf ab und zu rütteln. Das Kom-

pott in saubere Gläser füllen und sofort verschließen.

Alternative:

Den Rhabarber waschen, die Enden kappen, aber die Stangen nicht abziehen. In Stücke schneiden und schichtweise mit der Zucker-Zimtmischung in Gläser füllen. 30 Minuten Saft ziehen lassen. Die Gläser fest verschließen und bei 18 °C 30 Minuten im Backofen einkochen.

Nährwerte pro Portion
Kilokalorien 170, Kilojoule 730, Eiweiß/g 1, Kohlenhydrate/g 39, Fett/g 0, Ballaststoffe/g 2,7

Kompott von Kapstachelbeeren mit Holunderblüten

einfach, Blitzrezept
4 Portionen

- 500 g Kapstachelbeeren (Physalis)
- 3-4 Holunderblüten je nach Größe
- 250 g brauner Zucker
- Saft von 2 Limetten

Die Kapstachelbeeren aus ihren Hüllblättern zupfen und waschen. Die Holunderblüten waschen und gut abtropfen lassen. Die Holunderblüten fein hacken.

Den Zucker mit 1/4 Liter Wasser aufkochen, die Kapstachelbeeren und den Limettensaft zufügen und so lange kochen lassen, bis das Kompott die gewünschte Konsistenz erreicht hat.

Die Holunderblüten untermischen und das Kompott in saubere Gläser abfüllen.

Nährwerte pro Portion
Kilokalorien 308, Kilojoule 1290, Eiweiß/g 1, Kohlenhydrate/g 73, Fett/g 0, Ballaststoffe/g 3,6

Griechische Zwiebelchen

einfach
6 Portionen

- 1 kg Frühlingszwiebeln

Marinade
- 300 ml Weißwein
- 200 ml Fleischbrühe
- 5 EL Öl
- Saft von 1/2 Zitrone
- Salz
- frisch gemahlener weißer Pfeffer

Gewürzbeutel
- 3 Stengel Petersilie
- 3 Zweige frischer Fenchel
- 1 Zweig frischer Thymian
- 10 Pfefferkörner
- 10 Korianderkörner
- 3 Knoblauchzehen

Die Frühlingszwiebeln waschen, putzen und das Grün abschneiden. Es kann für ein anderes Gericht verwendet werden.

Die Zutaten für die Marinade in einem Topf mischen. Alle Gewürze in einen Mullbeutel geben, zubinden und in die Marinade hängen. Den Sud 15 Minuten kochen lassen. Die Zwiebeln zugeben und kurz aufkochen.

Den Gewürzbeutel entfernen und die Zwiebeln samt Sud in saubere Gläser füllen. Sofort verschließen.

Nährwerte pro Portion
Kilokalorien 150, Kilojoule 640, Eiweiß/g 2, Kohlenhydrate/g 9, Fett/g 10, Ballaststoffe/g 4,6

Junge Artischocken in Öl

einfach, braucht Zeit

- 1,5 kg Babyartischocken
- 3 Zitronen
- 1 Flasche trockener Weißwein, 750 ml
- 100 ml Weißweinessig
- 1 EL Salz
- 4 Knoblauchzehen
- 1 Chilischote
- 1 Bund Basilikum
- 1/2 l natives Olivenöl

Die Babyartischocken wie folgt putzen: Etwa die Hälfte der Hüllblätter abziehen, bis der Rest hellgelb und weich ist. Die Stiele schälen und beschneiden. Die obere Hälfte der Knospe abschneiden und alle Schnittflächen mit einer halbierten Zitrone abreiben. Inzwischen die schon geputzten Artischocken in Zitronenwasser legen.

Den Sud vorbereiten: Weißwein mit 1/4 l Wasser, Essig und Salz zum Kochen bringen. Eine Zitrone vierteln, die Knoblauchzehen abziehen und halbieren, die Chilischote putzen, halbieren und entkernen. Alles in den Sud geben und 10 Minuten köcheln lassen.

Das Basilikum waschen, trockenschütteln und die groben Stiele entfernen. Die Hälfte des Basilikums in den Sud geben und die Artischocken einlegen. Die Artischocken im geschlossenen Topf etwa 10 Minuten köcheln lassen. Sie dürfen nicht zu weich werden – Garprobe!

Die Artischocken und die Knoblauchzehen aus dem Sud heben und auf Küchenpapier gründlich abtropfen lassen. Die restliche Zitrone heiß waschen, gut trocknen und die Schale mit dem Sparschäler dünn abschälen.

Achtung: Alle Zutaten, die in Öl eingelegt werden, müssen möglichst trocken sein!

Die Artischocken mit dem Knoblauch, der Zitronenschale und dem restlichen Basilikum in sterilisierte Gläser füllen und so viel Olivenöl angießen, daß das Gemüse ganz damit bedeckt ist. Die Gläser verschließen und die Artischocken 2 bis 3 Wochen ziehen lassen.

Nährwerte insgesamt
Kilokalorien 4550, Kilojoule 19040, Eiweiß/g 16, Kohlenhydrate/g 18, Fett/g 498, Ballaststoffe/g 72,8

Tip *Sollte eine der gewürzten Essigsorten zu intensiv schmecken, kann sie mit frischem Essig gestreckt und auf mehrere Flaschen verteilt werden. Als Basis immer hellen Essig nehmen, damit die Würzzutaten in den Flaschen besser zur Geltung kommen. Fast alle trockenen Gewürze färben den Essig bald dunkler.*

Kräuter- und Gewürzessig

einfach, braucht Zeit

je 1 Liter guten, milden Weißwein- oder Obstessig wie folgt aromatisieren:

- 1 kleines Bund frischer Estragon

- 1/2 Bund Minze
- 8 Stück Sternanis

- 2-3 Zweige frischer Salbei
- 8 Knoblauchzehen

- 1 Bund frischer Thymian
- 2 Salbeizweige
- 1 großer Rosmarinzweig

- 4-6 Zweige Zitronenmelisse
- 2 Zitronen, unbehandelt

- 500 g Himbeeren (hier nur 1/2 l Weinessig)

- je 1 EL gemischte Pfefferkörner, Pimentkörner und Wacholderbeeren
- 4 Lorbeerblätter

- 2 Zimtstangen
- 2 daumenlange Stücke frischer Ingwer

Die Kräuter für alle Essigsorten verlesen, waschen, gut trockentupfen und die dicken Stiele beschneiden. Sehr lange Zweige, wie z.B. Rosmarin, halbieren.

Estragonessig
Die vorbereiteten Estragonzweige in den Essig einlegen.

Sternanis-Minzessig
Die vorbereiteten Minzestiele und den Sternanis in Essig einlegen.

Salbei-Knoblauchessig
Die Knoblauchzehen abziehen und große Zehen halbieren. Zusammen mit dem Salbei in den Essig einlegen.

Kräuteressig

Die vorbereiteten Thymian- und Salbeizweige in Essig einlegen. Den Rosmarinzweig in der Mitte teilen und ebenfalls zugeben.

Zitronenessig

Die Zitronen waschen. Mit einem Zestenreißer 4 oder 8 Schalenstreifen der Länge nach abziehen und die Zitronen in Scheiben schneiden. Zitronenmelisse, -scheiben und -schalenstreifen in den Essig einlegen.

Himbeeressig

Die Himbeeren verlesen, in eine Flasche mit weiter Öffnung geben und mit Essig auffüllen. Die Flasche verschließen und an einem warmen Ort mindestens 14 Tage stehen lassen.

Den Essig dann durch ein Mulltuch oder Haarsieb gießen, einmal aufkochen und erkalten lassen. In eine Flasche füllen und verschlossen kühl aufbewahren.

Bei Verwendung von Rotweinessig werden Farbe und Geschmack des Himbeeressigs intensiver.

Gewürzessig

Pfefferkörner, Pimentkörner und Wacholderbeeren im Mörser leicht quetschen und mit den Lorbeerblättern in den Essig einlegen.

Ingwer-Zimtessig

Die Ingwerstücke schälen und der Länge nach vierteln. Zusammen mit den Zimtstangen in den Essig einlegen.

Alle Flaschen fest verschließen und die Essigsorten an einem kühlen Ort etwa 2 Wochen ziehen lassen. Dann durch ein Teesieb oder Mulltuch abseihen und wieder in die Flaschen füllen.

Nährwerte insgesamt pro Liter
Kilokalorien 190, Kilojoule 790, Eiweiß/g 4, Kohlenhydrate/g 6, Fett/g 0, Ballaststoffe/g 0

Holunderblütensirup

einfach

- 30 Holunderblüten
- 1 kg Zucker
- 4 Zitronen, unbehandelt
- 40 g Zitronensäure

Die Holunderblüten über einem weißen Tuch oder Küchenpapier schütteln und auf mögliche Insekten untersuchen. Dann kurz unter fließendem, kalten Wasser abspülen und auf Küchenpapier das Wasser von den Blüten abschütteln.

Den Zucker mit 2 Liter Wasser unter Rühren erhitzen, bis sich der Zucker vollständig aufgelöst hat. Den Sirup vom Herd nehmen.

Die Zitronen gründlich waschen, eventuell leicht bürsten. Dann die Früchte in Scheiben schneiden und diese in den Sirup legen. Die Holunderblüten ebenfalls einlegen. Das Gefäß mit einem Mulltuch abdecken und 2 Tage an einen sonnigen Platz stellen.

Die Zitronenscheiben und die Blüten herausnehmen und den Sirup durch einen Kaffeefilter seihen. Die Zitronensäure einrühren und den Sirup in Flaschen füllen.

Hinweis: Als Erfrischung an heißen Sommertagen und für Kinder den Sirup im Verhältnis 1:4 mit gekühltem Mineralwasser auffüllen. Für Erwachsene kann es auch eiskalter Sekt sein. Dieses Getränk schmeckt herrlich als Aperitif.

Nährwerte insgesamt
Kilokalorien 4050, Kilojoule 16970, Eiweiß/g 0, Kohlenhydrate/g 998, Fett/g 0, Ballaststoffe/g 0

Himbeersirup

einfach

- 1,5 kg Himbeeren
  (ergibt etwa 1 Liter Saft)
- 1 kg Zucker
- 20 g Zitronensäure

Die Himbeeren verlesen und möglichst nicht waschen. Die Beeren kalt entsaften, siehe Seite 22, und den Saft abmessen. Im Verhältnis 1:1 mit Zucker mischen, die Zitronensäure einrühren und die Mischung aufkochen. Weitere 10 Minuten kochen lassen, dabei mehrmals abschäumen. Den Sirup in heiß gespülte Flaschen füllen und verschließen.

Nährwerte insgesamt
Kilokalorien 4440, Kilojoule 18590, Eiweiß/g 12, Kohlenhydrate/g 1060, Fett/g 3, Ballaststoffe/g 0

Kirschlikör

einfach, braucht Zeit

- 500 g reife Sauerkirschen
- 400 g weißer Kandis
- 3 Gewürznelken
- 2 Streifen Orangenschale
- 2 Flaschen Wodka oder Korn (1,4 l)

Die Sauerkirschen waschen, von den Stielen zupfen und entsteinen.

Etwa 20 Kirschkerne aufknacken und zusammen mit den Sauerkirschen, mit Zucker, Nelken und Orangenschale in Flaschen füllen und mit dem Alkohol aufgießen. Die Flaschen verschließen und 6 Wochen an einem dunklen, kühlen Ort stehen lassen. Dann den Likör abseihen, auf Flaschen ziehen und verschließen. Danach den Likör noch 3 bis 4 Wochen ruhen lassen.

Nährwerte insgesamt
Kilokalorien 4940, Kilojoule 20700, Eiweiß/g 0, Kohlenhydrate/g 426, Fett/g 0, Ballaststoffe/g 0

Majoranlikör

einfach, braucht Zeit

- 1 großes Bund frischer Majoran
- 1 Flasche Wodka, 700 ml
- 500 g Zucker
- 1 Zimtstange
- 1 Limette

Den Majoran verlesen und die groben Stiele beschneiden. Falls es nötig ist, die Kräuter zu waschen, müssen sie anschließend gründlich getrocknet werden. Den Majoran in den Alkohol einlegen und fest verschlossen einen Monat ziehen lassen.

Den Zucker mit 1/2 Liter Wasser klarkochen und den Sirup auf schwacher Hitze zum „Flug" kochen, siehe Seite 24. Den abgekühlten Sirup mit der Zimtstange, der dünn abgeschälten Schale und dem Saft der Limette mischen und mit dem abgeseihten Alkohol verrühren. Den Likör gut verschlossen ziehen lassen. Nach 2 bis 3 Wochen probieren: Der Zimtgeschmack darf nicht zu stark und die Limettenschale nicht zu bitter werden. Den Likör abseihen, auf Flaschen ziehen und noch einmal ein paar Wochen ruhen lassen.

Nährwerte insgesamt
Kilokalorien 3680, Kilojoule 15444, Eiweiß/g 0, Kohlenhydrate/g 513, Fett/g 0, Ballaststoffe/g 0

Schwarzer Johannisbeerlikör

einfach, braucht Zeit

- 500 g schwarze Johannisbeeren
- 1 unbehandelte Zitrone
- 1 Flasche Korn, 700 ml
- 1 Stück getrocknete Ingwerwurzel
- 250 g Zucker, extrafein

Die Johannisbeeren waschen, abtropfen lassen und von den Stielen streifen. Die Beeren mit einer Gabel zerdrücken und in eine weithalsige Flasche füllen. Die Zitrone waschen, nur die gelbe Schale dünn abschneiden und zu den Beeren geben. Mit dem Korn auffüllen und den Ansatz in der verschlossenen Flasche 4 Tage stehen lassen.

Den Alkohol abseihen und mit Zucker und Ingwer mischen. Wieder in die Flasche füllen und verschlossen an einem warmen Ort 10 Tage ziehen lassen. Die Mischung spätestens alle 2 Tage schwenken und schütteln. Dann den Likör noch einmal abfiltern, in die Flasche füllen und verschlossen mindestens 2 Monate ruhen lassen.

Nährwerte insgesamt
Kilokalorien 2990, Kilojoule 12520, Eiweiß/g 6, Kohlenhydrate/g 300, Fett/g 1, Ballaststoffe/g 0

Kirschlikör
Majoranlikör
Schwarzer Johannisbeerlikör

Rumtopf

einfach, braucht Zeit
Für 1 Rumtopfgefäß

- 500 g Erdbeeren
- 250 g Zucker
- insgesamt etwa 2 Flaschen (1,4 Liter) brauner Rum, mindestens 40%
- 500 g Sauerkirschen oder Weichseln
- 250 g Zucker
- je 250 g Beeren nach Wahl, z.B. rote und schwarze Johannisbeeren, Himbeeren, Heidelbeeren
- dazu je 100 g Zucker
- je 500 g Pfirsiche und Aprikosen
- dazu je 200 g Zucker
- 500 g Zwetschgen
- dazu 250 g Zucker

Die Erdbeeren waschen, auf Küchenpapier gründlich trocknen, dann erst die Stielansätze abzupfen. Nur die großen Früchte halbieren. Die Erdbeeren auf einer Platte ausbreiten, den Zucker gleichmäßig darüberstreuen und 1 bis 2 Stunden ziehen lassen. Erdbeeren und Zucker in den sauberen, trockenen Rumtopf legen und so viel Rum darüber gießen, daß die Beeren bedeckt sind. Mit Klarsichtfolie, Schließgummi und Deckel verschließen.

Die Kirschen waschen, trockentupfen, nach Wunsch entsteinen und einzuckern. Kirschen samt Zucker löffelweise auf die Erdbeeren füllen, nicht umrühren. Zuletzt mit einer Schöpfkelle so viel Rum darüber geben, daß alle Früchte bedeckt sind, wieder verschließen.

Die Beeren nur verlesen, eventuell waschen und trocknen. Nicht einzuckern, sie werden sonst matschig. In den Rumtopf geben und den Zucker einstreuen. Topf wieder fest verschließen.

Die Pfirsiche und Aprikosen häuten, in Spalten oder große Stücke zerteilen, auf einer Platte ausbreiten und gleichmäßig einzuckern. Wenn sie Saft ziehen, die Früchte samt Zucker zum Rumtopf geben, Rum nachgießen.

Zwetschgen nur abreiben, nicht waschen, halbieren, entsteinen und mit den Schnittflächen nach oben einzuckern.

Nach 1 Stunde in den Rumtopf geben, mit Rum bedecken und vorsichtig umrühren.

Weitere Früchte nach Wunsch und wie beschrieben zugeben.

Den Topf fest verschließen. Spätestens Anfang Oktober sollte das Einlegen der Früchte beendet sein, denn der Rumtopf braucht mindestens 2 Monate zum Reifen. Es ist allerdings ratsam, ein paarmal zu kontrollieren: Zucker, der sich am Boden abgesetzt hat, muß sorgfältig aufgerührt werden.

Nährwerte für das ganze Rezept
Kilokalorien 11200, Kilojoule 46900, Eiweiß/g 30, Kohlenhydrate/g 670, Fett/g 10, Ballaststoffe/g 92,0

Wer einen Rumtopf selbst ansetzen will, sollte diesen am besten Monat für Monat wachsen lassen. Ungeduldige können natürlich auch alle Früchte auf einmal einlegen.

Verwenden Sie auf jeden Fall nur vollreife, aber noch feste, makellose Früchte, damit der Rumtopf haltbar bleibt.

Das Gefäß sollte aus Steingut oder aus glasiertem Ton mit Deckel sein. Rumtöpfe haben es gern dunkel und trocken bei gleichmäßiger Temperatur. Auch wenn der Deckel gut sitzt, noch Klarsichtfolie verwenden, um den Topf möglichst luftdicht zu verschließen.

Die angegebene Zuckermenge genügt zum Konservieren. Falls Sie zu den „Süßen" gehören, geben Sie pro Obstsorte 50 bis 100 g Zucker mehr dazu.

Im Frühling wandern jedenfalls die Erdbeeren in den Rumtopf. Himbeeren und Sauerkirschen können folgen.

»Der

Sommer im Glas«

Aprikosen-konfitüre

einfach

- 1 kg reife, feste Aprikosen, entsteint gewogen
- Gelierzuckermenge nach Packungsanleitung
- Saft von 1 Zitrone
- 1 Messerspitze Nelkenpulver
- 4 EL Orangenlikör

Die Aprikosen waschen, trocknen, entsteinen und je nach Größe halbieren oder vierteln.

Zusammen mit dem Gelierzucker unter Rühren aufkochen und nach Anleitung einige Minuten sprudelnd kochen lassen.

Zitronensaft, Nelkenpulver und Orangenlikör einrühren. Die Konfitüre in Twist-Off-Gläser füllen, fest verschließen und 10 Minuten auf den Kopf stellen.

Nährwerte insgesamt
Kilokalorien 4660, Kilojoule 19540, Eiweiß/g 9, Kohlenhydrate/g 1100, Fett/g 0, Ballaststoffe/g 19,0

Zwetschgen-konfitüre

einfach

- 1 kg reife, feste Zwetschgen, entsteint gewogen
- Gelierzuckermenge nach Packungsanleitung
- Saft von 1 Zitrone
- 1 gestrichener TL Zimtpulver

Die Zwetschgen entstielen und mit einem weichen Tuch abreiben, möglichst nicht waschen. Die Zwetschgen halbieren und entsteinen.

Zusammen mit dem Gelierzucker in einem Topf mischen und etwas Saft ziehen lassen. Dann unter Rühren aufkochen und nach Anleitung einige Minuten sprudelnd kochen lassen. Zitronensaft und Zimt einrühren und die Konfitüre in saubere Twist-Off-Gläser füllen. Die Gläser fest verschließen und 10 Minuten auf den Kopf stellen.

Variation: Die fertige Konfitüre mit 4 bis 5 Eßlöffel Zwetschgenwasser abschmecken.

Nährwerte insgesamt
Kilokalorien 4480, Kilojoule 18780, Eiweiß/g 6, Kohlenhydrate/g 1086, Fett/g 1, Ballaststoffe/g 23.0

Tip: Bei Verwendung von Süßkirschen den Saft von 1 Zitrone zugeben.

Weichselkonfitüre

einfach

- 1 kg entsteinte Weichseln (Sauerkirschen)
- Gelierzuckerzuckermenge nach Packungsanleitung
- 1 Vanilleschote
- 2 EL Amaretto
- 3 EL Kirschlikör

Die entsteinten Weichseln mit dem Zukker in einem Topf mischen und 30 Minuten Saft ziehen lassen. Die Vanilleschote der Länge nach aufschlitzen, das Mark auskratzen und samt der Schote in den Topf geben. Die Kirschen unter Rühren aufkochen und 3 Minuten sprudelnd kochen lassen. Die Liköre einrühren und die kochendheiße Konfitüre in saubere Gläser füllen. Twist-Off-Gläser 10 Minuten auf den Kopf stellen.

Nährwerte insgesamt
Kilokalorien 4770, Kilojoule 19980, Eiweiß/g 9, Kohlenhydrate/g 1120, Fett/g 4, Ballaststoffe/g 10,4

Renekloden-konfitüre mit Feigen

einfach

- 1 kg vorbereitete Früchte:
  500 g Renekloden, entsteint
  500 g reife, grüne Feigen
- Gelierzuckermenge nach Packungsanleitung
- Saft von 2 Zitronen
- 5 EL Zwetschgenwasser oder Mirabellenlikör

Die gewaschenen Renekloden sollten zum Entsteinen nur halbiert, höchstens geviertelt sein, die geputzten Feigen halbieren. Das Obst zusammen mit dem Gelierzucker unter Rühren aufkochen und nach Anleitung einige Minuten sprudelnd kochen lassen. Den Zitronensaft und den Alkohol einrühren. Die Konfitüre in saubere Twist-Off-Gläser füllen, fest verschließen und 10 Minuten auf den Kopf stellen.

Nährwerte insgesamt
Kilokalorien 4600, Kilojoule 19260, Eiweiß/g 9, Kohlenhydrate/g 1113, Fett/g 3, Ballaststoffe/g 18,6

Vier-Beeren-konfitüre

einfach

- 1 kg geputzte Beeren:
  300 g Himbeeren, 300 g Brombeeren
  250 g rote Johannisbeeren
  150 g schwarze Johannisbeeren
- Gelierzuckermenge nach Packungsanleitung
- 5 El Cassis (schwarzer Johannisbeerlikör)

Die verlesenen, entstielten Beeren zusammen mit dem Gelierzucker unter Rühren zum Kochen bringen. Nach Anleitung weni-

ge Minuten sprudelnd kochen lassen und den Cassis einrühren. In saubere Twist-Off-Gläser abfüllen, fest verschließen und 10 Minuten auf den Kopf stellen.

Nährwerte insgesamt
Kilokalorien 4670, Kilojoule 19580, Eiweiß/g 12, Kohlenhydrate/g 1075, Fett/g 5, Ballaststoffe/g 68,6

Konfitüre aus Himbeeren und Brombeeren

einfach

- 1 kg geputzte Beeren:
  600 g Himbeeren, 400 g Brombeeren
- Gelierzuckermenge
  nach Packungsanleitung
- Saft von 1 Zitrone
- 4 EL Himbeergeist

Die verlesenen Beeren mit dem Gelierzucker unter Rühren zum Kochen bringen. Nach Anleitung wenige Minuten sprudelnd kochen lassen, den Zitronensaft und den Himbeergeist einrühren. Die Konfitüre in saubere Twist-Off-Gläser füllen, fest verschließen und 10 Minuten auf den Kopf stellen.

Nährwerte insgesamt
Kilokalorien 4370, Kilojoule 18320, Eiweiß/g 13, Kohlenhydrate/g 1038, Fett/g 6, Ballaststoffe/g 66,6

Bei Verwendung von Sauerkirschen 100 g Zucker mehr zugeben.
Wer den Kirschlikör nicht mag, läßt ihn einfach weg. Der Alkoholgehalt des Rotweins verdampft beim Kochen weitgehend. Um für Kinder ganz ohne Alkohol zu kochen, mischt man am besten Kirschsaft mit Wasser.

Herzhafte Herzkirschen

einfach

- 1 kg große, süße Herzkirschen
- 150 g Zucker
- 1/2 l Rotwein
- 2 große, unbehandelte Orangen
- 1/8 l Kirschlikör

Die Kirschen waschen, trocknen, entstielen und entkernen. In einem weiten, flachen Topf oder in einer Pfanne mit hohem Rand den Zucker hellbraun karamelisieren lassen. Mit dem Rotwein ablöschen, rühren und so lange bei starker Hitze kochen, bis sich der Karamel aufgelöst hat.

Die Schale von 1/2 Orange fein abreiben. Beide Orangen auspressen und den Saft durch ein feines Sieb zum Rotwein gießen. Die Flüssigkeit um 1/3 einkochen lassen, die Kirschen einlegen und die Hitze reduzieren.

Das Kompott mit der Orangenschale würzen und unter gelegentlichem Rühren 6 bis 7 Minuten köcheln lassen. Den Kirschlikör einrühren. Das Kompott noch einmal kurz aufwallen lassen, sofort in heiß gespülte Gläser füllen und fest verschließen.

Nährwerte insgesamt
Kilokalorien 1570, Kilojoule 6540, Eiweiß/g 8, Kohlenhydrate/g 300, Fett/g 3, Ballaststoffe/g 13,2

Wer den Aprikosenlikör nicht mag, läßt ihn einfach weg. Wem auch Weißwein nicht schmeckt, der ersetzt ihn durch Apfelsaft.

Die Aprikosen passen als fruchtige Beilage zu vielen Desserts: zu Vanille- und Nußeis, zu Vanillepudding, zu Kaiserschmarren, Crêpes und zu süßen Aufläufen.

Aprikosenkompott mit Schuß

einfach
6 Portionen

- 1,5 kg reife, feste Aprikosen
- 1 unbehandelte Zitrone
- 1 Messerspitze Zimtpulver
- 200 g Zucker
- 100 ml Aprikosenlikör
- 200 ml trockener Weißwein
- 200 ml Apfelsaft

Die Aprikosen kurz in kochendem Wasser brühen, kalt abschrecken und die Haut abziehen. Die Früchte halbieren und dabei die Steine entfernen. Die Zitronenschale mit dem Sparschäler spiralförmig und möglichst dünn abschälen. Zusammen mit dem Zimt, dem Zucker und den Aprikosen in einem Kochtopf mischen. Den Aprikosenlikör darüber verteilen und Weißwein und Apfelsaft angießen. Mit Wasser auffüllen, bis die Früchte knapp bedeckt sind.

Alles zum Kochen bringen, vorsichtig umrühren und das Kompott bei schwacher Hitze 4 Minuten köcheln lassen. Die Zitronenschale aus dem fertigen Kompott entfernen und die Aprikosen samt Sirup in heiß gespülte Gläser füllen. Die Gläser sofort fest verschließen.

Nährwerte pro Portion
Kilokalorien 350, Kilojoule 1480, Eiweiß/g 2, Kohlenhydrate/g 66, Fett/g 0, Ballaststoffe/g 4,3

Aprikosenröster

Vielen ist aus Österreich der Zwetschgenröster bekannt, eine Zubereitung zwischen Kompott und Konfitüre. Ganz ähnlich läßt sich Aprikosenröster zubereiten, der als Füllung oder Beilage zu Süßspeisen hervorragend schmeckt.

einfach
4 Portionen

- 800 g reife, feste Aprikosen
- 4 EL Zucker
- 1 unbehandelte Zitrone
- 1/2 TL Zimtpulver

Die Aprikosen waschen, gut trocknen, halbieren und entsteinen. Den Zucker mit 4 Eßlöffel Wasser in einer weiten Pfanne schmelzen und hellbraun karamelisieren lassen. Die Aprikosen zugeben und über starker Hitze rühren und wenden. Die Hälfte der Zitronenschale fein abreiben und die Zitrone auspressen. Zitronenschale, -saft und Zimtpulver mit den Aprikosen verrühren.

Wenn der Saft auszutreten beginnt, die Hitze zurückschalten und den Röster bei mittlerer Hitze 8 bis 10 Minuten einkochen. Aprikosenröster soll nicht zu musig werden!

Aprikosenröster hält sich im Kühlschrank 3 bis 4 Tage. Zum längeren Aufbewahren den heißen Röster in saubere Twist-Off-Gläser füllen und sofort fest verschließen.

Nährwerte pro Portion
Kilokalorien 140, Kilojoule 580, Eiweiß/g 2, Kohlenhydrate/g 31, Fett/g 0, Ballaststoffe/g 3,5

Tip

Wenn Sie den Aprikosenröster etwas saftiger möchten, einige Löffel Apfelsaft in den Röster einrühren.

Gewürzgurken einkochen

einfach, braucht Zeit

- 1 kg feste Zwerggurken, nicht länger als 10 cm
- 1 Stück Meerrettichwurzel, 3 cm
- 2 getrocknete Chilischoten
- je 1 TL Pfeffer- und Senfkörner
- 2 Lorbeerblätter
- 1 Bund Dill
- 2 Stengel Estragon
- 1/2 l Weinessig
- 100 g Zucker
- 1 EL Salz

Die Gurken waschen und leicht bürsten. Den Meerrettich schälen und würfeln oder in dünne Scheiben schneiden. Die Chilischoten halbieren. Die Körner und die Lorbeerblätter im Mörser leicht stoßen. Die frischen Kräuter waschen, trockentupfen und die groben Stiele entfernen.

Die Gurken mit den Gewürzen in Gläser schichten. Den Essig mit 1/2 Liter Wasser, Zucker und Salz aufkochen. Die Gurken mit der abgekühlten Lösung bedecken und die Gläser fest verschließen.

Im vorgeheizten Backofen bei 180 °C ein Wasserbad vorbereiten. Die Gläser einsetzen und aufkochen, bis die Flüssigkeit im Glas perlt. Den Ofen abschalten und die Gurkengläser im Wasserbad auskühlen lassen.

Nährwerte insgesamt
Kilokalorien 530, Kilojoule 2240, Eiweiß/g 7, Kohlenhydrate/g 119, Fett/g 2, Ballaststoffe/g 6,3

Senfgurken

einfach, braucht Zeit

- 10 mittelgroße Gemüsegurken (2 kg festes Gurkenfleisch)
- 100 g Salz
- 125 g Schalotten
- 30 g Meerrettich in Scheiben
- 3 Pfefferschoten
- 5 Lorbeerblätter
- 2 TL schwarze Pfefferkörner
- 2 TL Senfkörner oder fertige Gewürzmischung
- Dill
- 1/2 l Essig
- 1 kg Zucker

Die Gurken schälen, halbieren und die Kerne auskratzen. Die Gurken in fingerlange Stücke schneiden. Darüber Salz streuen und 1 Tag zugedeckt kalt stellen.

Die Schalotten abziehen und grob zerteilen.

Die Gurken abtrocknen und lagenweise mit den Schalotten und den Gewürzen in einen Steinguttopf legen.

Essig, 1/2 Liter Wasser und Zucker aufkochen und noch heiß über die Senfgurken gießen. Gurken vorsichtig unter die Flüssigkeit pressen, eventuell mit einer Untertasse beschweren, damit sie ganz bedeckt sind.

Nach 3 Tagen die Essig-Zuckerlösung abgießen, aufkochen und wieder über die Gurken gießen.

Den Steinguttopf fest verschließen.

Nach etwa 2 Wochen können die Gurken verwendet werden.

Senfgurken zur kalten Platte oder als Beilage zum Fleischfondue reichen.

Nährwerte insgesamt
Kilokalorien 4332, Kilojoule 18182, Eiweiß/g 19, Kohlenhydrate/g 1055, Fett/g 4, Ballaststoffe/g 0

Gewürzgurken nach alter Tradition

einfach, braucht Zeit

- 1 kg Zwerggurken
- 100 g Salz
- 1 Chilischote
- 1 Knoblauchzehe
- 100 g Perlzwiebeln
- 2 Zweige Estragon
- 1 Büschel blühender Dill
- 2 Gewürznelken
- 1 TL Pfefferkörner
- 2 Lorbeerblätter
- 1 TL Senfkörner
- 1/2 l Weinessig
- 100 g Zucker

1. Tag

Die Gurken waschen und leicht bürsten. In einem Steinguttopf mit dem Salz und 1,5 Liter kaltem Wasser mischen und über Nacht kühl stellen.

2. Tag

Die Gurken mit einem Tuch gründlich abreiben. Sie müssen noch fest sein. Gurken, deren Schale glitschig geworden ist, müssen weggeworfen werden.

Die Chilischote entkernen und fein schneiden. Die Knoblauchzehe abziehen und pressen. Die Perlzwiebeln abziehen. Die Kräuter waschen, trockentupfen und nur die groben Stiele entfernen.

Den Essig mit 1/2 Liter Wasser und dem Zucker aufkochen und etwas abkühlen lassen. Die Gurken mit den Gewürzen in den Steinguttopf schichten und den Sud darübergießen. Mit einem Teller bedecken und durch einen Stein beschweren. Die Flüssigkeit muß über das Gemüse reichen. Den Topfdeckel aufsetzen. Die Raumtemperatur sollte etwas über 20 °C liegen.

3. Tag

Den Sud abgießen, aufkochen und abgekühlt wieder über die Gurken gießen. Nach weiteren 1 bis 2 Tagen beginnt die Flüssigkeit trüb zu werden.

Nach 2 Wochen erstmals probieren. Sobald die Gurken schmecken, den Topf kühl stellen, damit der Gärprozeß unterbrochen wird. Da sich die Gärung aber nicht ganz unterbinden läßt, sind die Gurken nicht unbegrenzt haltbar.

Nährwerte insgesamt
Kilokalorien 271, Kilojoule 1132, Eiweiß/g 10, Kohlenhydrate/g 53, Fett/g 2, Ballaststoffe/g 0

Marinierte Gemüse

einfach, braucht Zeit
4 Portionen

Marinade
- 1/2 l Hühnerbrühe
- 1/8 l trockener Weißwein
- 1/8 l Olivenöl
- Saft von 1 Zitrone
- 2 Knoblauchzehen, halbiert
- 3 Petersilienstengel
- 1 TL Thymian
- 1/2 TL Salz
- 5 Pfefferkörner

Gemüse, beispielsweise
- 12 Schaschlikzwiebeln
- 300 g Zucchini
- 4 kleine Möhren
- je 1 rote und gelbe Paprikaschote
- 200 g Champignons

Alle Zutaten zur Marinade aufkochen und auf schwacher Hitze köcheln lassen.

Die Zwiebeln abziehen. Die gewaschenen Zucchini und die geschälten Möhren in 2 cm dicke Scheiben schneiden. Paprikaschoten waschen, entkernen und in 1 cm breite Streifen schneiden. Die Champignons putzen.

Die Marinade durchseihen und wieder aufkochen, die Zwiebeln einlegen. 20 Minuten garen und in zwei Gläser legen.

Die Möhren 15 Minuten köcheln lassen und zu den Zwiebeln geben. So weiter verfahren: Zucchini 10 Minuten garen, Paprika und Pilze 8 Minuten.

Die Marinade nachwürzen, aufkochen und über das Gemüse gießen.

Die Gläser fest verschließen und nach dem Abkühlen in den Kühlschrank stellen.

Eine raffinierte Beilage zu allem Gegrillten und zum Fondue.

Nährwerte pro Portion
Kilokalorien 220, Kilojoule 920, Eiweiß/g 4, Kohlenhydrate/g 8, Fett/g 18, Ballaststoffe/g 5,0

Senfgemüse

einfach, braucht Zeit

- 1 kg grüne Tomaten
- 500 g rote oder orangefarbene Paprikaschoten
- 500 g Silberzwiebeln
- 200 g Salz
- 4 Knoblauchzehen
- 6 rote Chilischoten
- 1 nußgroßes Stück Ingwer
- 4 TL eingelegte grüne Pfefferkörner
- 800 ml Weißweinessig
- 150 g Zucker
- 2 EL englisches Senfpulver
- 1 TL Kurkumapulver
- 1 TL gemahlener Koriander
- 2 TL Kreuzkümmelsamen

Die Tomaten waschen, abzupfen und rundherum mit einer Nadel einstechen. Die Paprikaschoten waschen, putzen und der Länge nach in 8 Streifen schneiden. Die Silberzwiebeln abziehen.

Die Gemüse in eine weite Schüssel legen, mit dem Salz bestreuen und mischen. Einen Teller auf das Gemüse legen und beschwe-

ren. Die Schüssel an einen kühlen Ort stellen – nicht in den Kühlschrank – und das Gemüse etwa 24 Stunden ziehen lassen.

Das Gemüse am nächsten Tag in einen großen Durchschlag geben, unter fließendem, kalten Wasser abspülen und gut abtropfen lassen. Das Gemüse in einen großen Topf legen.

Die Knoblauchzehen abziehen und in Stifte schneiden. Die Chilischoten waschen und putzen. Den Ingwer schälen und in dünne Scheiben schneiden. Knoblauch, Chili und Ingwer mit den Pfefferkörnern zum Gemüse geben. Essig, Zucker und die restlichen Gewürze untermischen. Alles zum Kochen bringen und zugedeckt bei mittlerer Hitze etwa 8 Minuten köcheln lassen, bis das Gemüse bißfest gegart ist.

Das Gemüse aus dem Sud heben und in heiß gespülte Gläser verteilen. Den Sud über das Gemüse gießen und die Gläser sofort fest verschließen. Das Senfgemüse braucht etwa 4 Wochen, bis es seinen vollen Geschmack entfaltet hat.

Variation: Neben den genannten Gemüsen können auch Blumenkohl und Brokkoli, Zucchini und grüne Bohnen eingelegt werden.

Nährwerte insgesamt
Kilokalorien 1130, Kilojoule 4740, Eiweiß/g 24, Kohlenhydrate/g 238, Fett/g 5, Ballaststoffe/g 35,0

Peperonata soll musig sein. Sie schmeckt kalt zu Fleisch, Fisch, Nudeln oder Reis, ist aber auch eine vorzügliche Würzzutat für Suppen, Eintöpfe und Schmorgerichte.

Peperonata

einfach, braucht Zeit
8 Portionen

- 500 g Zwiebeln
- 4 Knoblauchzehen
- 4 rote Chilischoten
- 2 kg feste, rote Paprikaschoten
- 1 kg Fleischtomaten
- 6 Lorbeerblätter
- 1/8 l Olivenöl
- Salz
- frisch gemahlener schwarzer Pfeffer
- 4 EL Tomatenmark

Die Zwiebeln abziehen und würfeln, den Knoblauch durch die Presse drücken. Chilischoten putzen, aufschlitzen und die kleinen Kerne sorgfältig entfernen, die Schoten klein würfeln. Paprikaschoten putzen, waschen und in gleichmäßige Stücke schneiden, die Tomaten brühen, häuten, entkernen und grob hacken.

Das Öl erhitzen, Zwiebeln, Knoblauch, Chili und die Lorbeerblätter darin unter Rühren anschwitzen.

Paprika einrühren, salzen und pfeffern und etwa 5 Minuten unter Wenden braten.

Die Tomaten zugeben und das Tomatenmark einrühren, dann zugedeckt bei milder Hitze etwa 30 Minuten schmoren. Pikant abschmecken.

Kurz vor Ende der Garzeit können Kräuter wie Thymian, Oregano oder Basilikum zugegeben werden.

Die Peperonata noch einmal aufwallen lassen und in saubere Twist-Off-Gläser füllen.

Nährwerte pro Portion
Kilokalorien 270, Kilojoule 1130, Eiweiß/g 2, Kohlenhydrate/g 6, Fett/g 25, Ballaststoffe/g 6,1

Marinierte Champignons

Mindestens 3 Tage im voraus zubereiten

einfach, braucht Zeit
6 Portionen

- 500 g frische Champignons
- 1 Bund Dill
- 1/3 l weißer Weinessig
- 1 TL getrockneter Thymian
- 2 Lorbeerblätter
- 1/2 TL schwarze Pfefferkörner
- 1 TL Salz
- 4 Knoblauchzehen
- Olivenöl

Die Pilze putzen und abreiben. Die Stiele daranlassen, nur angetrocknete Stielenden abschneiden.

Den Dill putzen und waschen. Einige Dillspitzen abschneiden und auf Küchenpapier gut trocknen. Restlichen Dill im ganzen zugeben.

Essig, 2/3 Liter Wasser, Kräuter und Gewürze (außer dem Knoblauch) zum Kochen bringen. Die Champignons hineingeben und den Sud wieder aufkochen lassen.

Nach 5 Minuten vom Herd nehmen. Die Pilze weitere 20 Minuten im verschlossenen Topf ziehen lassen.

Den Sud abgießen, die Pilze im Sieb abtropfen und auskühlen lassen. Die Dillstengel entfernen. Den Knoblauch abziehen und jede Zehe in 3 bis 4 Stifte schneiden. Ausgekühlte Pilze und Knoblauchstifte abwechselnd in ein sauberes Glas füllen. Frische Dillspitzen und die Lorbeerblätter dazwischen streuen.

Mit Öl aufgießen, bis alle Champignons bedeckt sind. Das Glas fest verschließen.

Nährwerte pro Portion
Kilokalorien 320, Kilojoule 1360, Eiweiß/g 2, Kohlenhydrate/g 1, Fett/g 33, Ballaststoffe/g 1,7

Nach einigen Tagen haben die Champignons schon ein wunderbares Aroma – sie halten sich so bis zu 4 Monaten.

Eingelegter Bärlauch ist ursprünglich eine Spezialität der Tataren. In Rußland nennt man ihn wilden Knoblauch, und er wird auf allen Märkten angeboten. Auch bei uns kann man Bärlauch in schattigen Laubwäldern finden. Er duftet weithin intensiv nach Knoblauch. Bekannter als das Sammeln und Einlegen der Blütenstiele ist bei uns die Verwendung der jungen Blätter in Kräutermischungen.

Eingelegter Knoblauch und Bärlauch

Insgesamt 2 Monate marinieren

einfach, braucht Zeit

A) Eingelegter Knoblauch
- 1 kg frische Knoblauchknollen
- 2 EL Salz
- 2 EL Zucker
- 6 Gewürznelken
- 1/2 Stange Zimt
- 1 TL schwarze Pfefferkörner
- 1 EL Essig

Für roten Knoblauch
- zusätzlich 1 rote Bete

5 bis 7 Tage marinieren

B) Eingelegter Bärlauch
- 60 Bärlauchstiele
- 1 1/2 EL Salz
- 1 EL Zucker
- 150 ml Essig

A) Eingelegter Knoblauch

Die Knoblauchknollen waschen, putzen, aber nur die äußersten Blätter entfernen – die Zehen dürfen nicht auseinanderfallen!

600 ml Wasser mit Salz, Zucker, Nelken, Zimt und Pfefferkörnern 10 Minuten aufkochen. Dann vom Herd nehmen und den Essig zugeben. Die Knoblauchknollen in ein hohes Einmachglas schichten und mit dem Sud übergießen. Die Knollen müssen ganz bedeckt sein.

Für rote Knoblauchknollen: Die rote Bete schälen, würfeln und mit dem Essig zuletzt in den Sud geben.

Das Glas verschließen und den Knoblauch an einem kühlen Ort 2 Monate marinieren lassen.

B) Eingelegter Bärlauch

Die Blütenstiele vom Bärlauch an beiden Enden beschneiden, waschen, das Wasser abgießen und die Stiele 2 Stunden in frisches, kaltes Wasser legen, um ihnen Bitterstoffe zu entziehen.

1 Liter Wasser mit Salz, Zucker und Essig aufkochen und auf Zimmertemperatur abkühlen lassen.

Jeweils 10 oder 20 Bärlauchstiele mit einem Faden bündeln, in ein hohes Glas stellen und den lauwarmen Sud angießen. Die Stiele müssen ganz bedeckt sein. Die

Bärlauchstiele 5 bis 7 Tage im Kühlschrank marinieren lassen. Nach 5 Tagen zum ersten Mal probieren.

Eingelegter Knoblauch und Bärlauch sind sehr dekorativ und schmecken gut zu warmen und kalten Fleischgerichten und zu Kalten Platten.

A *Nährwerte insgesamt*
Kilokalorien 1350, Kilojoule 5650, Eiweiß/g 53, Kohlenhydrate/g 277, Fett/g 1,0, Ballaststoffe/g 15,8

B *Nährwerte insgesamt*
Kilokalorien 110, Kilojoule 460, Eiweiß/g 5, Kohlenhydrate/g 21, Fett/g 0, Ballaststoffe/g 4,4

Eingelegtes Gemüse mit Knoblauch, Tomaten und Gurken

Mehrere Tage ziehen lassen

einfach, braucht Zeit

A) Eingelegte Tomaten
- 1 kg reife Strauchtomaten
- 1 Knolle Knoblauch
- 1/2 Sellerieknolle
- 1 Bund glatte Petersilie
- 4 frische, kleine Chilischoten
- Salz

B) Dillgurken
- 1 kg kleine Gurken
- 10 Knoblauchzehen
- 1 Bund Dill
- Salz

A) Eingelegte Tomaten

Die Tomaten waschen und trocknen. Jede Frucht mit einer Gabel 5- bis 6mal einstechen.

Den Knoblauch abziehen und große Zehen halbieren. Den Sellerie schälen, erst in dicke Scheiben, dann in große Stücke schneiden. Die Petersilie verlesen und waschen. Die Chilischoten waschen und einritzen.

3 Liter Wasser mit 6 Eßlöffel Salz aufkochen und etwas abkühlen lassen.

Einige Tomaten auf den Boden eines hohen Glasgefäßes legen. Etwas Knoblauch, Sellerie, 2 Petersilienzweige und 1 Chilischote zugeben und wieder Tomaten auflegen. Abwechselnd alle Zutaten einschichten.

Das warme Salzwasser einfüllen, so daß alles bedeckt ist. Einen Teller auf die Tomaten legen, damit alle Zutaten unter Wasser gehalten werden. Das Gefäß mit seinem Deckel oder mit Frischhaltefolie verschließen, und die Tomaten 6 Tage bei Zimmertemperatur stehen lassen. Danach im Kühlschrank aufbewahren.

B) Dillgurken

Die Gurken putzen und waschen. Die Knoblauchzehen abziehen. Den Dill verlesen und waschen. Auf den Boden eines hohen Glases einige Knoblauchzehen und einen Dillzweig legen und die Gurken mit dem restlichen Knoblauch und dem Dill einschichten.

So viel Wasser auffüllen, daß die Gurken bedeckt sind und die Wassermenge dabei abmessen. Pro 1/4 Liter Wasser 1 gehäuften Teelöffel Salz zugeben und das Glas verschließen.

Die Gurken so viele Tage an die Sonne stellen, bis sich ihre Farbe ändert. Dann im Kühlschrank aufbewahren.

A
Nährwerte insgesamt
Kilokalorien 260, Kilojoule 1130, Eiweiß/g 15, Kohlenhydrate/g 43, Fett/g 3, Ballaststoffe/g 16,3

B
Nährwerte insgesamt
Kilokalorien 140, Kilojoule 590, Eiweiß/g 7, Kohlenhydrate/g 23, Fett/g 2, Ballaststoffe/g 5,5

Gleich eine größere Menge zubereiten. Die Schoten samt Knoblauch in Gläser füllen und mit Öl bedecken. Die eingelegten Paprikaschoten mit Käse, Oliven und Brot als kleinen Imbiß reichen oder als Beilage zu Hackfleischgerichten und Grilladen.

Eingelegte Paprikaschoten

1 Tag marinieren

einfach, braucht Zeit
4 Portionen

- 4 große rote Paprikaschoten
- 1/8 l Essig
- 1/8 l Wasser
- 1 EL Salz
- frisch gemahlener schwarzer Pfeffer
- 4 Knoblauchzehen
- 200 ml Olivenöl

Den Backofen auf 180 °C vorheizen. Die Schoten auf ein Backblech legen und etwa 15 Minuten im Ofen rösten, dabei gelegentlich wenden. Die rundum gerösteten Paprikaschoten in ein kaltes, feuchtes Tuch wikkeln und 5 Minuten liegen lassen. Dann die Haut mit dem Tuch abreiben und Reste abzupfen. Danach erst die Stiele mit den Kernen herausziehen.

Essig, Wasser, Salz und Pfeffer in einer weiten Schüssel schlagen, bis sich das Salz aufgelöst hat. Die Paprikaschoten einlegen, in der Marinade wenden und in der zugedeckten Schüssel 2 bis 3 Stunden marinieren lassen. Währenddessen die Paprikaschoten einige Male wenden.

Die Knoblauchzehen abziehen und quer in dünne Scheiben schneiden. Die Paprikaschoten aus der Marinade heben, abtropfen lassen und in eine tiefe Platte legen. Mit dem Knoblauch gut vermischen und mit dem Olivenöl übergießen. Die Platte mit Frischhaltefolie abdecken und die Schoten im Kühlschrank über Nacht ziehen lassen.

Nährwerte pro Portion
Kilokalorien 270, Kilojoule 1130, Eiweiß/g 2, Kohlenhydrate/g 6, Fett/g 25, Ballaststoffe/g 6,1

Gebratener Auberginensalat

einfach, braucht Zeit
6 Portionen

- 1 kg kleine Auberginen
- Salz

Marinade

- 40 g kleine, bunte Chilischoten
- 5 Knoblauchzehen
- 150 ml milder Weinessig
- 3 EL Wasser

- Öl zum Fritieren und evtl. zum Einlegen
- 100 g Mehl

Die Auberginen putzen und waschen. Ungeschält der Länge nach in 1 cm dicke Scheiben schneiden. Die Auberginen in einen Durchschlag legen, mit 2 Eßlöffel Salz bestreuen und 30 Minuten Wasser ziehen lassen. Dann die Scheiben vorsichtig ausdrükken und zwischen Küchenpapier trocknen.

Für die Marinade die Chilischoten putzen, waschen, entkernen und fein hacken. Die Knoblauchzehen abziehen und fein hacken. Beides mit Essig und Wasser verrühren und die Marinade auf eine große Platte geben.

Reichlich Öl in der Friteuse auf 180 °C oder in einer Pfanne mit hohem Rand erhitzen. Die Auberginenscheiben mit Mehl bestäuben, portionsweise goldgelb fritieren und auf Küchenpapier abtropfen lassen. Die fritierten Scheiben noch heiß in die Marinade legen und wenden.

Den Auberginensalat nach dem Abkühlen samt den Gewürzen in ein Glas schichten und mit Öl bedecken.

Nährwerte pro Portion
Kilokalorien 240, Kilojoule 1020, Eiweiß/g 4, Kohlenhydrate/g 17, Fett/g 17, Ballaststoffe/g 4,4

Den Essigsud nicht wegwerfen! Nach der zweiten oder dritten Verwendung hat der Essigsud intensiven Pilzgeschmack angenommen. Den Sud um die Hälfte einkochen, filtern und in 1 bis 2 kleine Flaschen abfüllen. Dieser Pilzessig ist eine konzentrierte Essenz, mit der Salatmarinaden und Eintöpfe abgeschmeckt werden.

Eingelegter Schwammerltopf

einfach, braucht Zeit

- 1 kg kleine, feste Pilze

Essigsud
- 2 große Zwiebeln
- 4 Knoblauchzehen
- 2 Chilischoten
- 1 l heller Wein- oder Obstessig
- je 1 EL Salz und Zucker
- 3 Lorbeerblätter
- je 2 TL Pfeffer- und Pimentkörner
- 2 EL Senfkörner

- Neutrales Öl zum Einlegen der Pilze (Maiskeim- oder Sonnenblumenöl)

Die Pilze putzen, aber möglichst nicht waschen, die Stiele beschneiden. Mischpilze nach Sorten gruppieren.

Für den Sud die Zwiebeln und die Knoblauchzehen abziehen und grob hacken. Die Chilischoten putzen, aufschlitzen und entkernen. Den Essig mit 1/4 Liter Wasser, Zwiebeln, Knoblauch, Chili und allen anderen Zutaten in einem Topf aufkochen. Den Sud 5 Minuten kochen und bei abgeschalteter Hitze weitere 10 Minuten ziehen lassen. Dann abseihen und wieder in den Topf geben. Den Sud aufkochen und die Pilze portionsweise 2 bis 4 Minuten darin köcheln lassen. Mit den hellen Pilzen beginnen, da der Sud immer dunkler wird und sonst die Pilzfarbe trüben würde. Jede Portion gegarter Pilze aus dem Sud heben und gut abtropfen lassen, bis alle Pilze gekocht sind. Die abgekühlten Pilze, nach Form und Farbe abwechselnd, in saubere Einmachgläser schichten und so viel Öl aufgießen, daß die Pilze fingerbreit bedeckt sind.

Der Sud kann wieder verwendet werden: Dazu den Sud abseihen und in einem Schraubglas im Kühlschrank aufbewahren. Wenn die nächsten Pilze eingekocht werden sollen, den Sud mit je 1/4 Liter Essig und Wasser strecken, 1 Teelöffel Salz zugeben und kurz durchkochen.

Der Schwammerltopf kann wie ein Rumtopf allmählich wachsen. Verwenden Sie einen Teil Ihrer Beute aus Wald und Feld und ergänzen sie mit Zuchtpilzen wie Egerlingen und Shiitake. Verwenden Sie möglichst junge Pilze im ganzen. Im Herbst haben Sie dann einen bunten Pilztopf, der zu

Fleischgerichten und kalten Platten schmeckt. Außerdem ist ein solcher Schwammerltopf ein wunderhübsches Geschenk.

Nährwerte insgesamt
Kilokalorien 1470, Kilojoule 6150, Eiweiß/g 21, Kohlenhydrate/g 1, Fett/g 156, Ballaststoffe/g 20,0

Tomaten-Ketchup mit Curry oder mit Tabasco kräftig würzen.

Tomatenketchup

einfach, braucht Zeit

- 2 kg reife Tomaten
- 250 g Zwiebeln
- 1 EL Salz
- 100 g Zucker
- 4 EL Weinessig
- 1 TL frisch gemahlener weißer Pfeffer
- 1 TL Senfpulver
- 1/2 TL Ingwerpulver
- 1/2 TL Pimentpulver

Die Tomaten waschen, den Stielansatz entfernen und die Tomaten in Stücke schneiden. Die Zwiebeln abziehen und fein hacken.

Alle Zutaten mit den Zwiebel- und Tomatenstückchen in einen hohen Topf mit dickem Boden geben und ca. 45 Minuten köcheln lassen.

Die Masse durch ein Sieb streichen. Das Tomatenmark zurück in den Topf geben und kochen lassen, bis es dicklich ist.

Mit den Gewürzen abschmecken und in heiß gespülte Flaschen mit weitem Hals füllen. Sofort heiß verschließen.

Nährwerte insgesamt
Kilokalorien 542, Kilojoule 2272, Eiweiß/g 6, Kohlenhydrate/g 0, Fett/g 128, Ballaststoffe/g 65,0

Tomatenmarmelade

einfach, braucht Zeit
ca. 3 Liter Sauce

- 2 kg reife Tomaten
- 400 g Zwiebeln
- 600 g rote Paprikaschoten
- 3 scharfe rote Chilischoten
- 1 kg Äpfel
- 250 g Zucker
- 400 ml Weinessig
- 4 EL Salz
- 2 TL gemahlene Gewürznelken
- 2 TL Zimt
- 4 TL geriebene Muskatnuß
- 2 TL Paprika, edelsüß

Die Tomaten brühen, häuten und grob hacken. Die Zwiebeln abziehen und fein würfeln. Die Paprikaschoten waschen, aufschneiden, entkernen und in kleine Stücke schneiden. Die Chilischoten putzen, der Länge nach aufschlitzen, die Kerne sorgfältig entfernen und die Schoten fein hacken. Die Äpfel schälen, vierteln, entkernen und in Scheiben schneiden.

Alle Zutaten, bis einschließlich Weinessig, in einem großen Topf zugedeckt 1 Stunde köcheln lassen. Während der Kochzeit ab und zu umrühren, damit nichts anbrennt.

Die Gewürze zugeben, abschmecken und eventuell nachwürzen. Im offenen Topf 15 Minuten einkochen lassen und dann pürieren.

Die Sauce heiß in vorbereitete Flaschen füllen. Die Flaschen sofort fest verschließen und an einem dunklen und kühlen Ort stehen lassen.

Die Sauce paßt zu kurzgebratenem Fleisch und zu Fondue. Außerdem kann man mit Tomatenmarmelade viele Salatsaucen und sogar Bratensaucen abschmecken.

Nährwerte insgesamt
Kilokalorien 2294, Kilojoule 9634, Eiweiß/g 38, Kohlenhydrate/g 512, Fett/g 11, Ballaststoffe/g 96,0

Tomatenchutney

einfach, braucht Zeit

- 1,5 kg reife Tomaten
- 4 Knoblauchzehen
- 500 g Zwiebeln
- 500 g säuerliche Äpfel
- 1 Stück frische Ingwerwurzel, 3 cm
- 250 g Sultaninen
- 350 g Zucker
- 150 ml Wein- oder Obstessig
- 1 TL Zimtpulver
- 1 gestrichener TL Piment (Nelkenpfeffer), gemahlen
- 1 1/2 EL Salz
- 1 EL Senfpulver
- etwas Wodka oder Gin

Die Tomaten kurz brühen, die Haut abziehen und die Tomaten grob hacken. Die Knoblauchzehen abziehen und fein hacken. Die Zwiebeln abziehen, die Äpfel schälen und entkernen. Beides grob würfeln. Die Ingwerwurzel schälen und fein hacken. Die Sultaninen heiß brühen, spülen und gut abtropfen lassen.

Alle Zutaten in einen großen Topf geben und mit dem Zucker, Essig und allen Gewürzen, einschließlich Senfpulver, mischen.

Das Chutney unter Rühren aufkochen, bei geringer Hitze etwa 1 Stunde köcheln lassen und währenddessen ab und zu umrühren, damit nichts anliegt.

Butterbrotpapier im Glasdurchmesser ausschneiden. Das Chutney in die Gläser füllen. Das Papier in Wodka oder Gin tränken und auf das Chutney drücken. Die Gläser fest verschließen und kühl aufbewahren – am besten im Kühlschrank. Nach etwa 2 Wochen hat das Chutney seinen vollen Geschmack entwickelt.

Nährwerte insgesamt
Kilokalorien 2790, Kilojoule 11700, Eiweiß/g 28, Kohlenhydrate/g 630, Fett/g 7, Ballaststoffe/g 44,8

Harisa

einfach, Blitzrezept

- 500 g reife Tomaten
- 1 EL Tomatenmark
- 1 Knoblauchknolle
- 3 EL Salz
- 250 g frische rote Chilischoten
- 1/4 l natives Olivenöl
- 1 EL Kreuzkümmel

Die Tomaten waschen, in kleine Stücke schneiden und in einer Kasserolle unter Rühren 10 Minuten dünsten.

Die Tomaten abkühlen lassen, durch ein feines Sieb streichen und mit dem Tomatenmark verrühren.

Die Knoblauchzehen abziehen und mit dem Salz in einem Mörser zerstoßen.

Die Chilischoten waschen, entkernen und hacken. Dann im Mörser fein zerstoßen.

Alles mit der Hälfte des Olivenöls und dem Kreuzkümmel zu einer glatten Paste verrühren. In ein Schraubglas füllen, mit dem restlichen Olivenöl bedecken und fest verschließen. An einem nicht zu warmen Ort mindestens 1 Woche ziehen lassen.

Die scharfe Sauce reicht man zu gegrilltem Fleisch und Geflügel. Nach dem Öffnen hält sie sich im Kühlschrank viele Wochen, wenn man darauf achtet, daß die Paste immer von Olivenöl bedeckt ist.

Nährwerte insgesamt
Kilokalorien 258, Kilojoule 10790, Eiweiß/g 13, Kohlenhydrate/g 44, Fett/g 252, Ballaststoffe/g 13,9

Indisches Chutney

einfach, braucht Zeit
6 Portionen

- 500 g saure Äpfel
- 500 g frische Aprikosen
- 500 g Zucchini oder Kürbis
- 300 g Zwiebeln
- 100 g Schalotten
- 1 scharfe rote Chilischote
- 3 Knoblauchzehen
- 3/8 l Obstessig
- 450 g brauner Kandis
- 1 TL Salz
- 1 EL frisch geriebene Ingwerwuzel
- 1 TL Paprika, edelsüß
- je 1/2 TL gemahlene Nelken und Kardamom
- 1 Zimtstange

Die Äpfel schälen, vierteln, entkernen und in dünne Scheiben schneiden. Die Aprikosen waschen, entsteinen und zerschneiden. Die Zucchini schälen und in kleine Würfel schneiden. Zwiebeln und Knoblauchzehen abziehen und fein hacken. Die Chilischote waschen, aufschneiden, die Kerne entfernen und fein hacken.

Alles in einen hohen Topf mit dickem Boden geben.

Essig, Kandis und Gewürze zugeben. Aufkochen und ca. 2 Stunden im offenen Topf auf kleiner Hitze köcheln lassen. Zwischendurch umrühren.

Das Chutney ist fertig, wenn es dick genug ist und nicht mehr vom Löffel fließt.

Kochendheißes Chutney randvoll in Gläser füllen und sofort verschließen.

Nährwerte insgesamt
Kilokalorien 258, Kilojoule 10790, Eiweiß/g 13, Kohlenhydrate/g 44, Fett/g 252, Ballaststoffe/g 13,9

Chimichurri

Die Sauce 1 Woche im voraus zubereiten.

einfach

- 4 getrocknete Chilischoten
- 5 Knoblauchzehen
- 1 große Zwiebel
- 2 Bund Petersilie
- 1 TL Meersalz
- 2 EL Essig
- 2 EL ÖL

Die Chilischoten im Mörser zerstoßen. Knoblauch und Zwiebeln abziehen und fein hacken. Die Petersilie waschen, trockenschütteln und ebenfalls hacken. Alles mit Salz in eine Schüssel geben.

Den Essig mit 3 Eßlöffel Wasser aufkochen und sofort über die gehackten Zutaten gießen.

Unter Rühren das Öl einlaufen lassen. Die Sauce in einem Schraubglas oder einer Flasche fest verschlossen 1 Woche ziehen lassen.

Eine sehr scharfe Sauce aus Argentinien. Sie paßt eigentlich zu allem Gegrillten. Im Kühlschrank ist sie mehrere Wochen haltbar.

Nährwerte insgesamt
Kilokalorien 320, Kilojoule 1550, Eiweiß/g 5, Kohlenhydrate/g 15, Fett/g 26, Ballaststoffe/g 6,0

Kräuter- und Gewürzöle

einfach, braucht Zeit

Je 1 Liter Mais-, Sonnenblumen- oder Olivenöl wie folgt aromatisieren:

- je 1 großer Stengel Salbei und Zitronenmelisse
- je 1 EL schwarze und weiße Pfefferkörner

- 1 Tasse getrocknete, rote Chilischoten

- je 1 EL gemischte Pfefferkörner, Pimentkörner und Wacholderbeeren
- 2 Lorbeerblätter
- 1 unbehandelte Zitrone

- 8 Knoblauchzehen

- 2 Zweige Rosmarin
- 4 Knoblauchzehen

Die Kräuter für alle Ölsorten verlesen, eventuell waschen, jedenfalls gut trockentupfen und die dicken Stiele beschneiden. Sehr lange Zweige, wie z.B. Rosmarin, halbieren.

Würziges Kräuteröl (ohne Foto)

Vorbereitete Salbei- und Melissestengel in eine Flasche geben, die Pfefferkörner leicht stoßen, zugeben und mit Öl auffüllen.

Chili-Öl

Dieses Rezept ist auch unter dem Namen Piri-Piri-Öl bekannt. Die getrockneten Chilischoten leicht stoßen und mit dem Öl ansetzen.

Gewürzöl

Die Gewürze im Mörser leicht stoßen. Die Zitronenschale mit dem Sparschäler hauchdünn abschälen. Gewürze, Lorbeerblätter und Zitronenschale in Öl einlegen.

Knoblauchöl

Die Knoblauchzehen abziehen, große Zehen eventuell halbieren und den Knoblauch in Glasflaschen geben. Mit dem Öl aufgießen.

Rosmarinöl

Die Rosmarinzweige auf Flaschenlänge zuschneiden. Die Knoblauchzehen abziehen und halbieren. Miteinander in Öl einlegen.

Alle Flaschen fest verschließen und die Ölsorten an einem kühlen Ort etwa 2 Wochen ziehen lassen. Darauf achten, daß alles unter Öl bleibt, sonst setzt sich Schimmel an! Dann das aromatisierte Öl filtern, wieder auf Flaschen ziehen und verschließen. Lediglich bei dem Chili-Öl können die getrockneten Schoten im Öl bleiben. Je nach Verbrauch frisches Öl nachfüllen. Es nimmt relativ schnell Geschmack und Farbe an.

Nährwerte insgesamt pro 1 l Öl
Kilokalorien 8790, Kilojoule 36820, Eiweiß/g 0, Kohlenhydrate/g 0, Fett/g 995, Ballaststoffe/g 0

Aprikosenlikör

einfach, braucht Zeit

- 1,5 kg reife Aprikosen
- 250 g Zucker, extrafein
- 1 kleine Zimtstange
- 2 Flaschen Weinbrand, 1,4 l

Die Aprikosen waschen, gut trocknen, halbieren und entsteinen. 12 Steine aufknacken und die Kerne zu den Aprikosen geben. Die Früchte mit dem Zucker vermischen und in 1 oder 2 weithalsige Ballonflaschen füllen. Die Zimtstange halbieren und zugeben. Den Weinbrand aufgießen und die Flasche verschließen. Den Likör an einem dunklen Ort 8 Wochen reifen lassen. Dann filtern und auf Karaffen ziehen.

Nährwerte insgesamt
Kilokalorien 4330, Kilojoule 18160, Eiweiß/g 0, Kohlenhydrate/g 277, Fett/g 0, Ballaststoffe/g 0

Brombeerlikör

einfach

- 1 kg reife Brombeeren
- 400 g Zucker
- 1 1/2 l Wodka oder Korn

Die Brombeeren verlesen und entstielen, möglichst nicht waschen!

Den Zucker mit 200 ml Wasser klarkochen und den Sirup bei schwacher Hitze bis zum „Flug“ einkochen, siehe Seite 24.

Den abgekühlten Sirup mit dem Alkohol und den Brombeeren in einem großen Glasgefäß mischen, verschließen und etwa 2 Monate ruhen lassen. Danach abseihen, auf Flaschen ziehen und noch einige Wochen ruhen lassen.

Nährwerte insgesamt
Kilokalorien 8790, Kilojoule 36820, Eiweiß/g 0, Kohlenhydrate/g 0, Fett/g 995, Ballaststoffe/g 0

Pfirsichlikör

einfach, braucht Zeit

- 10 Pfirsiche
- 2 l Weißwein
- 500 g Zucker
- 1 Vanilleschote
- 1 Flasche Wodka, 700 ml

Die Pfirsiche waschen, vierteln und entsteinen. 5 Steine aufschlagen und die Kerne zum Pfirsichfleisch geben. Pfirsiche, Weißwein, Zucker und die aufgeschlitzte Vanilleschote in einem großen Topf zum Kochen bringen und dabei rühren, damit sich der Zucker löst. Wenn die Konfitürenmasse klar ist, den Wodka zugießen, den Topf vom Herd nehmen, zudecken und 4 Tage an einem kühlen Ort verschlossen stehen lassen.

Die Mischung erst durch einen Durchschlag passieren, dann durch ein Mulltuch filtern und auf Flaschen ziehen. Die Flaschen fest verschließen und den Pfirsichlikör an einem trockenen, dunklen Ort aufbewahren.

Nährwerte insgesamt
Kilokalorien 3680, Kilojoule 15440, Eiweiß/g 0, Kohlenhydrate/g 513, Fett/g 0, Ballaststoffe/g 0

Liköre sollten ebenso wie eingemachtes Obst und Gemüse dunkel und kühl gelagert werden. Falls die Flaschen mit Korken verschlossen sind, muß der Ort auch trocken sein.

Pfirsichlikör
Brombeerlikör
Nocino, Seite 78

Ebenso berühmt und ebenso schwarzbraun wie der Balsamico-Essig ist zwischen Modena und Bologna der Nocino, der Likör aus grünen Walnüssen.
In Italien werden die Walnüsse für den Nocino am Johannistag geerntet. Zu dieser Zeit sind sie schon ausgewachsen, aber noch so weich, daß man mit einer Nadel durchstechen kann.
In Mitteleuropa erntet man die Walnüsse besser ein wenig später, so gegen Ende Juli.
Das angegebene Rezept ist nur eines von unzähligen Hausrezepten für den „einzig wahren" Nocino. Aber es ist erprobt und führt zu einem guten Ergebnis, wenn der Sommer nicht zu kurz war und genügend Sonne hatte.
Ein guter Nocino ist schwarz, bittersüß und schmeckt nach Walnuß. Er ist mehr als nur ein Likör, ein Digestif, in seiner Heimat ist er Allheilmittel bei Magenbeschwerden, allgemeinem Unwohlsein und übler Laune. Er sollte– ebenso wie der Balsamico-Essig – in kleinen Mengen, aber regelmäßig genossen werden.

Nocino ansetzen

einfach, braucht Zeit

- 15 frisch geerntete, grüne Walnüsse
- 600 ml Alkohol, 90% (aus der Apotheke)
- 400 ml Kirschgeist, 42%
- 1 Zimtstange
- 1/2 Vanilleschote
- 1 Muskatblüte (Macis)
- 5 Wacholderbeeren, leicht gequetscht
- 5 Gewürznelken
- Schale von 1/2 unbehandelten Zitrone
- 500 g Zucker
- 1/2 l trockener Weißwein

Die Walnüsse mit einem Tuch abreiben und vierteln.

In einem großen Glas mit Deckel die Nüsse mit allen Zutaten inklusive der Zitronenschale mischen, verschließen und an einem dunklen, kühlen Ort 2 Monate ziehen lassen.

Dann den Zucker mit Weißwein zu einem klaren Sirup kochen, abkühlen lassen und mit den angesetzten Walnüssen vermischen. Bis Weihnachten stehen lassen, dann filtern und den jungen Nocino in ein kleines Faß aus Eichen- oder Kastanienholz füllen. Wer kein Fäßchen hat, zieht den Nocino auf Flaschen und läßt ihn ein weiteres Jahr dunkel und bei gleichmäßiger Temperatur lagern. Frühestens 1 1/2 Jahre nach der Nußernte kann eine Probe entnommen werden. Der Nocino ist jedenfalls besser, wenn er mindestens 2 Jahre reifen konnte.

Nährwerte insgesamt
Kilokalorien 6827, Kilojoule 28585, Eiweiß/g 0, Kohlenhydrate/g 499, Fett/g 0, Ballaststoffe/g 0

Renekloden in Gin

einfach

- 800 g Renekloden
- 400 g brauner Kandis
- 2 Stücke getrockneter Ingwer
- 1/2 l Gin

Die Renekloden waschen, entstielen und kurz in kochendem Wasser brühen. Dann gut abtropfen lassen und mit dem Zucker in zwei Gläser mit Deckel schichten. Die Ingwerstücke zwischen die Renekloden in den Gläsern stecken und mit Gin auffüllen, bis die Früchte gerade bedeckt sind. Die Gläser verschließen und die Renekloden mindestens 3 bis 4 Wochen ziehen lassen. Bei längerer Aufbewahrung den Ingwer entfernen, weil er sonst vorschmeckt.

Variation: Statt der Renekloden Mirabellen verwenden. Bei 800 g Mirabellen nur 300 g braunen Kandis zugeben und statt Ingwer eine Zimtstange.

Nährwerte insgesamt
Kilokalorien 3280, Kilojoule 13760, Eiweiß/g 5, Kohlenhydrate/g 476, Fett/g 2, Ballaststoffe/g 12,8

Der Rumtopf ruft:
Ein Muß im Sommer sind Aprikosen und Pfirsiche. Mirabellen, Renekloden und Brombeeren passen gut in diese bunte Gesellschaft.

»Der Herbst brin

gt reiche Ernte«

Brombeer-Holunderkonfitüre

einfach

- 1 kg verlesene Beeren:
  600 g reife Brombeeren
  400 g Holunderbeeren
- Gelierzuckermenge
  nach Packungsanleitung
- 6 EL „Kroatzbeere" (Brombeerlikör)

Die Brombeeren waschen, trocknen und abzupfen. Die Holunderbeeren waschen und verlesen. Die Beeren mit Gelierzucker unter Rühren aufkochen und nach Anleitung einige Minuten sprudelnd kochen lassen. Den Likör einrühren und die heiße Konfitüre sofort in saubere Gläser füllen. Fest verschließen und 10 Minuten auf den Kopf stellen.

Nährwerte insgesamt
Kilokalorien 4710, Kilojoule 19710, Eiweiß/g 17, Kohlenhydrate/g 1070, Fett/g 8, Ballaststoffe/g 55,6

Holunder-Preiselbeerkonfitüre

einfach

- 1 kg verlesene Beeren:
  400 g Holunderbeeren
  600 g reife Preiselbeeren
- Gelierzuckermenge
  nach Packungsanleitung
- 5 EL Cassis (schwarzer Johannisbeerlikör)

Die Holunderbeeren waschen und verlesen. Die Preiselbeeren waschen und verlesen. Beide Beerensorten mit dem Gelierzucker unter Rühren zum Kochen bringen. Nach Anleitung einige Minuten sprudelnd kochen lassen. Den Likör einrühren, die heiße Konfitüre sofort in saubere Gläser füllen, fest verschließen und die Gläser 10 Minuten auf den Kopf stellen.

Nährwerte insgesamt
Kilokalorien 4710, Kilojoule 19740, Eiweiß/g 12, Kohlenhydrate/g 1090, Fett/g 5, Ballaststoffe/g 33,4

Preiselbeer-Birnenkonfitüre

einfach

- 1 kg vorbereitetes Obst:
  750 g reife Preiselbeeren,
  250 g reife, feste Birnen
- Gelierzuckermenge
  nach Packungsanleitung
- 5 EL Birnenschnaps

Die Preiselbeeren waschen, verlesen und gut abtropfen lassen. Die Birnen schälen, entkernen und würfeln. Die Preiselbeeren mit einer Gabel leicht zerdrücken, im Topf mit den Birnen mischen und den Zucker zugeben. Unter Rühren aufkochen und nach Anleitung einige Minuten sprudelnd kochen lassen. Den Birnenschnaps einrühren. Die heiße Konfitüre sofort in saubere Gläser füllen, fest verschließen und die Gläser 10 Minuten auf den Kopf stellen.

Nährwerte insgesamt
Kilokalorien 4470, Kilojoule 18730, Eiweiß/g 4, Kohlenhydrate/g 1082, Fett/g 5, Ballaststoffe/g 28,8

LEIFHEIT

Der einzigartig frische Geschmack dieser Konfitüre lohnt den Aufwand!

Kalt gerührte Preiselbeeren nach Großmutterart

Schonender für Geschmack und Inhaltsstoffe ist es, Konfitüre nicht zu kochen, sondern kalt zu rühren.
Diese Zubereitungen sind natürlich nicht sehr lange haltbar (einige Wochen im Kühlschrank).

einfach

- 1 kg reife Preiselbeeren
- 750 g Zucker

Die Preiselbeeren verlesen, waschen, abtropfen lassen und in einer hohen, schweren Schüssel mit dem Zucker mischen.

Mit einem großen, neuen Holzlöffel, noch besser abwechselnd mit einem Holzstampfer, die Masse 1 1/2 bis 2 Stunden lang rühren.

In heiß gespülte Gläser füllen und sofort fest verschließen.

Der einzigartig frische Geschmack dieser Konfitüre lohnt den Aufwand!

Nährwerte insgesamt
Kilokalorien 3400, Kilojoule 14250, Eiweiß/g 3, Kohlenhydrate/g 815, Fett/g 5, Ballaststoffe/g 27,3

Eingemachte Kronsbeeren

einfach, Blitzrezept
8 Portionen

- 400 g rotes Johannisbeergelee
- 800 g Kronsbeeren (Cranberries)
- 6 EL Cassis (schwarzer Johannisbeerlikör)

Das Johannisbeergelee in einer weiten Pfanne mit hohem Rand aufkochen. Die Kronsbeeren verlesen, waschen, abtropfen lassen und zugeben.

Bei mittlerer Hitze 5 Minuten lang laufend wenden, bis etwa die Hälfte der Beeren geplatzt ist.

Mit dem Cassis verrühren und in saubere Twist-Off-Gläser füllen. Die Gläser 10 Minuten auf den Kopf stellen.

Nährwerte pro Portion
Kilokalorien 1440, Kilojoule 6080, Eiweiß/g 0, Kohlenhydrate/g 304, Fett/g 0, Ballaststoffe/g 48,0

Kronsbeeren

Granatapfel-Quittengelee

einfach, braucht Zeit

- 2 kg Quitten
- 1/2 l Weißwein
- 6 Granatäpfel
- Saft von 2 Zitronen
- Gelierzuckermenge nach Packungsanleitung
- 6 EL Grenadine

Die Quitten mit einem Tuch trocken abreiben, dann waschen und grob würfeln. Die Quittenstücke in einen Topf geben, den Weißwein angießen und eventuell so viel Wasser zugeben, bis die Quitten knapp bedeckt sind. Die Quitten gut weich kochen.

Einen Durchschlag mit einem Seihtuch auslegen und auf eine große Schüssel setzen. Die gekochten Quitten in den Durchschlag schütten, gut abtropfen lassen und leicht drücken.

Inzwischen die Granatäpfel waagrecht aufschneiden, die Hälften auspressen und den Saft abseihen.

Quitten- und Granatapfelsaft mischen, den Saft von 2 Zitronen zugeben und die Saftmenge abmessen. Mit der entsprechenden Gelierzuckermenge in einem Topf mischen und aufkochen. Nach Anleitung einige Minuten sprudelnd kochen lassen, die Grenadine einrühren und das Gelee in heiß gespülte Gläser füllen.

Nährwerte insgesamt bei 1,5 l Saft und 1,5 kg Zucker
Kilokalorien 6810, Kilojoule 28560, Eiweiß/g 5, Kohlenhydrate/g 1660, Fett/g 5, Ballaststoffe/g 0

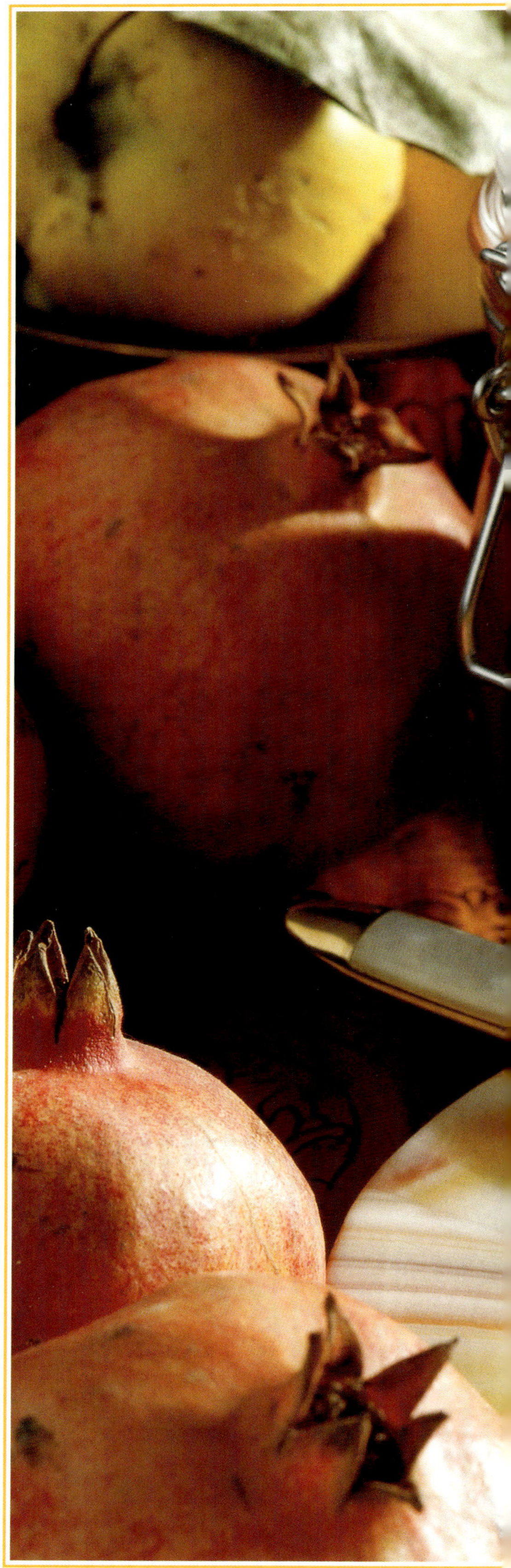

Wenn Sie statt Gläsern Steinguttöpfchen verwenden, ein zugeschnittenes Butterbrotpapier auf das Mus legen, etwas Rum darüber träufeln und den Topf mit Einmach-Cellophan verschließen.

Pflaumenmus

einfach, braucht Zeit

- 3 kg reife Pflaumen
- 500 g Zucker
- 1 Zimtstange

Die Pflaumen mit einem Tuch trocken abreiben, halbieren und entsteinen. Dann portionsweise mit dem Zucker pürieren.

Den Backofen auf 250 °C vorheizen. Das Pflaumenpüree in die saubere Fettpfanne des Backofens gießen, die Zimtstange halbieren, zugeben und die Pflaumen im Ofen zum Kochen bringen. Die Temperatur auf 180 °C zurückschalten und das Mus weiter köchelnlassen, bis eine dickliche Masse entsteht. Dabei in der ersten Stunde die Ofentüre mit einem Kochlöffelstiel leicht geöffnet halten, damit der Dampf abziehen kann.

Nach etwa 5 Stunden ist das Mus fertig. Die Zimtstange entfernen und das Pflaumenmus in saubere Twist-Off-Gläser füllen.

Nährwerte insgesamt
Kilokalorien 3290, Kilojoule 13800, Eiweiß/g 116, Kohlenhydrate/g 774, Fett/g 5, Ballaststoffe/g 45,9

Apfelgelee

einfach

- 1 l frischer Apfelsaft
- Gelierzuckermenge nach Packungsanleitung
- Saft von 1 Zitrone
- 5 EL Obstler

Den Apfelsaft selbst gewinnen: Die Äpfel waschen, nicht schälen und in Stücke schneiden. In einem Topf knapp mit Wasser bedekken und sehr weich, aber nicht zu Mus kochen.

Einen Durchschlag mit einem Seihtuch auslegen und auf eine große Schüssel setzen. Die Äpfel samt Saft hineingießen und gut ablaufen lassen.

Den kalten Apfelsaft abmessen und in einem Topf mit der entsprechenden Menge Gelierzucker verrühren. Zum Kochen bringen und nach Anleitung kurz sprudelnd kochen lassen.

Vor Ende der Kochzeit den Zitronensaft und den Obstler einrühren und das Gelee sofort in heiß gespülte Gläser füllen.

Nährwerte insgesamt
Kilokalorien 4540, Kilojoule 19040, Eiweiß/g 3, Kohlenhydrate/g 1104, Fett/g 3, Ballaststoffe/g 0

Schlehengelee

einfach

- 1 kg Schlehen
- 1/2 l Apfelsaft
- Gelierzuckermenge nach Packungsanleitung
- 3 Schnapsgläser Obstler (aus Äpfeln und/oder Birnen) auf 1 Liter Gelee

Die nach dem ersten Frost geernteten Schlehen vorsichtig waschen, gut abtropfen lassen und in einem Topf mit dem Apfelsaft knapp bedecken. Die Schlehen weich kochen. Ein Seihtuch in einen Durchschlag legen und auf eine Schüssel setzen. Die gekochten Schlehen in den Durchschlag schütten, den Saft ablaufen lassen und die Früchte leicht drücken. Nicht zu stark pressen, sonst wird das Gelee trüb.

Den abgekühlten Schlehensaft abmessen und mit der entsprechenden Menge Gelierzucker vermischen. Aufkochen und nach Anleitung wenige Minuten sprudelnd kochen lassen. Den Obstler einrühren. Das kochendheiße Gelee in heiß gespülte Gläser füllen.

Variation: 1/3 des Schlehensaftes durch Holunder- oder Brombeersaft ersetzen.

Nährwerte insgesamt
Kilokalorien 4840, Kilojoule 20260, Eiweiß/g 5, Kohlenhydrate/g 1170, Fett/g 2, Ballaststoffe/g 0

Holunderkompott

einfach, Blitzrezept

- 500 g Holunderbeeren
- 500 g Zwetschgen
- 600 g Birnen
- 1 Flasche trockener Rotwein
- 1 Zimtstange
- Schale von 1/2 unbehandelten Zitrone
- 4 EL heller Honig
- 40 g Stärkemehl

Die Holunderbeeren waschen und verlesen. Die gewaschenen, entkernten Zwetschgen halbieren, die Birnen schälen, in Spalten schneiden und das Kernhaus entfernen.

Das Obst mit dem Rotwein und den Gewürzen knapp 10 Minuten köcheln lassen. Zunächst mit 2 Eßlöffel Honig süßen, dann nach Geschmack weiteren Honig einrühren.

Die Zimtstange und die Zitronenschale entfernen. Das Stärkemehl mit wenig kaltem Wasser anrühren und das Kompott damit binden. Einmal sprudelnd aufkochen lassen. Das Kompott in heiß ausgespülte Gläser füllen und verschließen.

Nach alter Tradition reicht man zu Holunderkompott Brottaler, die in Butterschmalz goldgelb geröstet sind.

Variation: Gut gekühlt kann das Kompott auch als Obstkaltschale gereicht werden. Geben Sie dann etwas flüssige Sahne dazu.

Nährwerte insgesamt
Kilokalorien 1680, Kilojoule 7040, Eiweiß/g 8, Kohlenhydrate/g 228, Fett/g 8, Ballaststoffe/g 48,0

Zwetschgen-Holunderkompott

einfach

- 1 kg Holunderbeeren
- 1/2 l Rotwein
- 1 kg Zwetschgen
- 250 g Zucker
- 1 Zimtstange
- 2 Sternanis
- 1 Muskatblüte
- 2 Gewürznelken

Die Holunderbeeren waschen und verlesen. Den Holunder mit dem Rotwein in einem Topf zum Kochen bringen und zugedeckt bei mittlerer Hitze etwa 3 Minuten kochen lassen, bis die Beeren aufplatzen. Einen Durchschlag mit einem Seihtuch auslegen und über eine Schüssel setzen. Den gekochten Holunder hineingießen, den Saft passieren und das Tuch auswringen, um auch noch restlichen Saft auszupressen.

Die Zwetschgen waschen, halbieren und entsteinen. Die Zwetschgen mit dem Zucker und den Gewürzen in einem Topf mischen und den Holundersaft dazugießen. Die Mischung aufkochen und 4 bis 5 Minuten köcheln lassen – die Zwetschgen dürfen nicht zu weich werden. Das kochendheiße Kompott in heiß ausgespülte Gläser füllen und sofort fest verschließen.

Nährwerte insgesamt
Kilokalorien 1920, Kilojoule 8030, Eiweiß/g 29, Kohlenhydrate/g 415, Fett/g 5, Ballaststoffe/g 21,6

Wer nur den Geschmack, aber nicht die Gewürze selbst im Kompott möchte, bindet sie in ein Mullsäckchen (Verbandsmull). So können sie vor dem Abfüllen enfernt werden.

Senffrüchte

einfach

- 500 g feste, säuerliche Äpfel
- 500 g reife, feste Birnen
- 500 g Kumquats
- 500 g reife Pflaumen
- 2 Stück kandierte Ingwerwurzel
- 100 g Sultaninen
- 1 l heller Weinessig
- 1 l Weißwein
- 1 kg Zucker
- 4 EL Senfpulver

Äpfel und Birnen schälen, vierteln und das Kernhaus ausschneiden. Große Apfelspalten eventuell noch einmal teilen. Kumquats und Pflaumen waschen und entstielen. Den Ingwer in Scheiben schneiden. Die Sultaninen heiß überbrühen, kalt spülen und gut abtropfen lassen.

Den Essig mit Weißwein und Zucker in einem weiten Topf aufkochen. Äpfel, Birnen und Kumquats einlegen und 10 Minuten köcheln lassen. Dann die Pflaumen und Sultaninen zugeben und alles weitere 5 Minuten köcheln lassen. Zuletzt die Ingwerscheiben untermischen.

Die Früchte mit einem Schaumlöffel aus dem Topf heben und in saubere Gläser schichten. Den Sud in etwa 20 bis 25 Minuten zu Sirup einkochen, etwas abkühlen lassen und das Senfpulver einrühren. Den abgekühlten Sirup über die Früchte in den Gläsern gießen. Die Gläser fest verschließen und kühl aufbewahren.

Nährwerte insgesamt
Kilokalorien 5470, Kilojoule 22930, Eiweiß/g 13, Kohlenhydrate/g 1313, Fett/g 6, Ballaststoffe/g 55,4

Senffrüchte passen als Beilage zu Braten, Pasteten und Fleischfondue.

Zwetschgenröster

Eine österreichische Spezialität, nicht so flüssig wie Kompott, aber auch kein Mus. Zwetschgenröster ist die klassische Beilage zu Kaiserschmarren, paßt aber ebenso zu Grießschnitten, Pudding oder Eis. Zwetschgenröster hält sich im Kühlschrank 3 bis 4 Tage. In Twist-Off-Gläsern haben Sie ihn den ganzen Winter zur Verfügung.

einfach, braucht Zeit
2 Portionen

- 350 g reife, feste Zwetschgen
- 30 g Zucker
- etwas gemahlener Zimt
- 1/2 TL abgeriebene, unbehandelte Zitronenschale

Die Zwetschgen nicht waschen, nur abreiben, halbieren und entsteinen.

Den Zucker in einer trockenen Pfanne schmelzen und hellbraun karamelisieren. Die Zwetschgen dazugeben und bei starker Hitze rühren.

Wenn der Saft auszutreten beginnt, Zimt und abgeriebene Zitronenschale darüberstreuen. Den Röster bei mittlerer Hitze etwa 10 Minuten einkochen, nach Belieben mehr oder weniger musig.

Nährwerte pro Portion
Kilokalorien 150, Kilojoule 620, Eiweiß/g 1, Kohlenhydrate/g 36, Fett/g 0, Ballaststoffe/g 3,0

Süß-saure Pflaumensauce

einfach

- 2 Knoblauchzehen
- 8 EL Sojasauce
- 4 EL trockener Sherry
- 4 EL Honig
- 40 g frische Ingwerwurzel
- 2 Messerspitzen gestoßener Koriander
- 2 Nelken, gestoßen
- 2 EL Öl
- 4 EL milder Weinessig
- 2 EL Zitronensaft
- 8 EL Pflaumenmus
- 1 Prise Salz
- frisch gemahlener weißer Pfeffer
- geriebene Schale von 1/2 unbehandelten Orange

Die Knoblauchzehen abziehen und sehr fein hacken. Zusammen mit Sojasauce, Sherry und Honig in einem kleinen Töpfchen aufkochen und bei schwacher Hitze 10 Minuten ziehen lassen.

Inzwischen die Ingwerwurzel schälen und fein hacken. Zusammen mit Koriander und Nelken in heißem Öl kurz angehen lassen. Mit Essig und Zitronensaft löschen und die Honigmarinade aus dem ersten Töpfchen zugeben. Das Pflaumenmus einrühren, schwach salzen und mit Pfeffer und Orangenschale würzen.

Die Sauce auf schwacher Hitze etwas einkochen lassen. Bedenken Sie, daß sie beim Abkühlen noch dicker wird. Die heiße Sauce in heiß gespülte Twist-Off-Gläser füllen und fest verschließen.

Die süß-saure Pflaumensauce schmeckt am besten warm zur gebratenen Entenbrust. Sie paßt aber auch zu anderem gebratenen Geflügel, zu Lamm und Schweinefleisch. Kalt ist sie eine gute Fonduesauce und paßt zur kalten Platte.

Nährwerte insgesamt
Kilokalorien 1000, Kilojoule 4200, Eiweiß/g 16, Kohlenhydrate/g 150, Fett/g 31, Ballaststoffe/g 10,6

Birnenkompott

einfach

- 100 g Zucker
- 1/2 l Weißwein
- 1 unbehandelte Zitrone
- 1 Zimtstange
- 1 kg kleine Birnen, reif, aber noch fest

Den Zucker mit dem Weißwein im Kochtopf verrühren. Die Zitrone möglichst dünn (ohne die weiße Innenhaut) abschälen und dann auspressen. Zitronensaft und -schale in den Topf geben und die halbierte Zimtstange einlegen.

Die Birnen schälen und nur lange Stiele etwas stutzen. Kleine Birnen ganz lassen und das Kernhaus ausstechen, größere Früchte der Länge nach halbieren und entkernen. Jede geschälte Frucht sofort in den Topf legen, damit sie nicht braun wird.

So viel Wasser ergänzen, daß die Birnen ganz bedeckt sind, und alles zum Kochen bringen. Ab und zu vorsichtig umrühren, damit sich der Zucker löst. Wenn der Sud kocht, die Hitze reduzieren und die Birnen einige Minuten köcheln lassen – sie sollen bißfest gegart sein (zur Probe anstechen).

Die Früchte mit einer Schaumkelle aus dem Topf heben und in saubere Gläser geben. Den Sud 10 Minuten einkochen lassen, Zitronenschale und Zimtstange entfernen und die Birnen mit dem abgekühlten Sirup übergießen. Die Gläser fest verschließen und das Kompott an einem dunklen, kühlen Ort aufbewahren.

Nährwerte insgesamt
Kilokalorien 900, Kilojoule 3740, Eiweiß/g 5, Kohlenhydrate/g 215, Fett/g 3, Ballaststoffe/g 26,0

Nach diesem Rezept können auch Äpfel eingekocht werden.

Um im Frühling Hollerküchle auf Hollermus servieren zu können, muß das Mus im Herbst eingekocht werden.

Hollerküchle auf Hollermus

einfach, braucht Zeit
4 Portionen

A) Hollermus
- 500 g Holunderbeeren
- 200 g Zucker
- 1/2 Zimtstange
- 100 ml Rotwein
- 250 g Himbeeren

B) Hollerküchle
- 80 g Mehl
- je 1 Prise Salz und Zucker
- 1/8 l Bier
- 1 Ei, getrennt
- 500 g Pflanzenfett zum Fritieren
- 20 Holunderblüten
- Puderzucker

A) Hollermus

Die Holunderbeeren waschen und verlesen. Die Beeren mit Zucker, Zimt und Rotwein unter Rühren aufkochen. Bei schwacher Hitze etwa 15 bis 20 Minuten köcheln lassen, bis das Mus etwas eindickt.

Inzwischen die Himbeeren verlesen und in das Hollermus rühren.

Das Mus in heiß gespülte, saubere Gläser abfüllen und fest verschließen.

Den Backofen auf 180 °C vorheizen, in der Fettpfanne ein Wasserbad vorbereiten. Die Gläser ins Wasserbad stellen und das Mus 30 Minuten einkochen.

Das ausgekühlte Hollermus kühl und dunkel lagern.

B) Hollerküchle

Mehl, Salz, Zucker, Bier und Eigelb zu einem glatten Teig verrühren und 30 Minuten quellen lassen. Ist der Teig zu dickflüssig, eventuell mit 1 bis 2 Eßlöffeln Bier verdünnen.

Das Eiweiß mit einer Prise Salz zu steifem Schnee schlagen und vorsichtig unter den gequollenen Teig heben.

Das Fett in einer hohen Pfanne erhitzen. Mit einem Kochlöffelstiel die Hitze kontrollieren: Wenn sich am Stiel Blasen bilden, ist das Fett heiß genug.

Sofort die Holunderblüten am Stiel fassen, einmal tief in den Teig tauchen, kurz abtropfen lassen und ins Fett tauchen. Nach etwa 2 Minuten herausheben, auf Küchenpapier abtropfen lassen und gleich mit Puderzucker bestäuben.

Zum Servieren auf jeden Teller 3 Eßlöffel Hollermus geben, nach Belieben mit einem Kringel Crème fraîche dekorieren, die Hollerküchle daraufsetzen und das Gericht mit Puderzucker bestäuben.

A *Nährwerte insgesamt*
Kilokalorien 1140, Kilojoule 4740, Eiweiß/g 16, Kohlenhydrate/g 249, Fett/g 3, Ballaststoffe/g 36,8

B *Nährwerte insgesamt*
Kilokalorien 240, Kilojoule 1010, Eiweiß/g 5, Kohlenhydrate/g 18, Fett/g 17, Ballaststoffe/g 2,1

Die Sauce schmeckt sehr gut zu gebratenem Schweinefilet oder zu gegrilltem Huhn.

Wildbeerensauce

einfach

- 500 g Vogelbeeren
- Saft von 2 Zitronen
- 500 g Hagebutten
- 500 g Sanddornbeeren
- 6 EL Akazienhonig

Die Vogelbeeren gründlich waschen und mit der Hand von den Stielen streifen. In einen Topf füllen und knapp mit Wasser bedecken. Den Saft von einer Zitrone angießen und die Beeren im halbgeschlossenen Topf bei mittlerer Hitze 15 Minuten köcheln lassen.

In der Zwischenzeit die Hagebutten vorbereiten. Dazu am besten Haushaltshandschuhe anziehen. Die Hagebutten entstielen und die Blütenansätze abschneiden. Die Hagebutten halbieren, zwischen zwei Fingern zusammendrücken und die Kerne mit einer Messerspitze herauskratzen. Die Schalenhälften mehrmals gründlich waschen.

Die Hagebutten zu den Vogelbeeren geben und eventuell etwas Wasser nachgießen. Weitere 30 Minuten köcheln lassen.

Währenddessen die Sanddornbeeren mit einer kleinen Schere direkt vom Ast abschneiden. In viel kaltem Wasser vorsichtig waschen und zum Abtropfen in ein Sieb schütten.

Zu den anderen Beeren geben und die Fruchtmasse auf kleiner Hitze weitere 2 Minuten rühren, bis der Sanddorn merklich blasser wird. Topf vom Herd nehmen und die Früchte durch ein Sieb streichen.

Das Fruchtpüree nochmals aufkochen und mit dem Honig verrühren. Sofort in saubere, heiß gespülte Gläser füllen und fest verschließen.

Nährwerte insgesamt
Kilokalorien 1100, Kilojoule 4620, Eiweiß/g 19, Kohlenhydrate/g 185, Fett/g 24, Ballaststoffe/g 49,2

Preiselbeeren süß-sauer

Die Preiselbeeren mindestens 3 Tage ziehen lassen.

einfach, braucht Zeit

- 1,5 kg Preiselbeeren
- 2 Gewürznelken
- 5 schwarze Pfefferkörner
- 1 Lorbeerblatt
- 1 kleines Stück Ingwer
- 1/4 l Rotwein
- 200 ml milder Weinessig
- 500 g Zucker

Die Preiselbeeren sorgfältig verlesen, auf einem Sieb kurz abspülen und abtropfen lassen.

Ein Gewürzsäckchen mit den Nelken, Pfefferkörnern, dem Lorbeerblatt und dem Ingwer füllen.

Den Rotwein mit dem Weinessig und 1/2 Liter Wasser zum Kochen bringen. Den Zucker einrühren und das Gewürzsäckchen einlegen.

Die Preiselbeeren lagenweise bei kleiner Hitze in dem Sud köcheln, bis sie anfangen zu platzen. Dann mit einem Schaumlöffel herausheben und in einen Steinguttopf füllen. Wenn alle Beeren gekocht sind, den heißen Sud darübergießen. Die eingelegten Preiselbeeren erkalten lassen und dabei gelegentlich umrühren. Zugedeckt über Nacht ziehen lassen.

Am nächsten Tag den Saft in einen Topf abgießen und 10 Minuten kochen. Anschließend den Saft auskühlen lassen.

Die Preiselbeeren in saubere Gläser verteilen und mit dem kalten Saft übergießen. Die Gläser sofort mit Einmach-Cellophan verschließen und am besten im Kühlschrank aufbewahren.

Als Beilage zu Wildgerichten und zu gekochtem Rindfleisch reichen.

Nährwerte insgesamt
Kilokalorien 2360, Kilojoule 9800, Eiweiß/g 4, Kohlenhydrate/g 556, Fett/g 8, Ballaststoffe/g 59,2

Essig-zwetschgen

einfach, braucht Zeit

- 2 kg reife, feste Zwetschgen (große Früchte)
- 1/2 l Weinessig
- 1/2 l Rotwein
- 250 g Zucker
- 6 Nelken
- 1 Zimtstange

Von den Zwetschgen die Stiele abzupfen und die Früchte mit Küchenpapier sauber abreiben, nicht waschen! Einwandfreie Früchte nicht aufschneiden, da ganze Zwetschgen mit Kern beim Einkochen besseres Aroma entwickeln. Die Früchte mit einer Nadel 2- bis 3mal einstechen.

Weinessig, Rotwein, Zucker und Gewürze aufkochen. Sobald der Essig klar ist, die Zwetschgen hineinlegen, langsam zum Kochen bringen und einmal kurz aufkochen. Die Zwetschgen mit der Schaumkelle herausheben.

Den Sud mit Nelken und Zimt um 1/3 der Menge einkochen und erkalten lassen. Den kalten Sud mit den Zwetschgen in Gläser füllen und diese fest verschließen.

Nährwerte insgesamt
Kilokalorien 1830, Kilojoule 7640, Eiweiß/g 11, Kohlenhydrate/g 415, Fett/g 2, Ballaststoffe/g 43,2

Süß-saures Kürbiskompott

einfach, braucht Zeit

- 4 kg Kürbis
- 1 Stück Ingwerwurzel, ca. 3 cm
- 1/2 l Obstessig
- 750 g Zucker
- Schale von 1 Zitrone
- 2 Stangen Zimt
- 1 TL Gewürznelken

Den Kürbis in Spalten schneiden, schälen und entkernen. Das Fruchtfleisch in nicht zu große Würfel schneiden. Den Ingwer schälen und in Scheiben schneiden.

Den Obstessig mit 1 Liter Wasser, Zucker, Zitronenschale, Zimt, Gewürznelken und dem Ingwer aufkochen. Die Kürbisstücke portionsweise in dem Sud jeweils 10 Minuten kochen. Dann mit einem Schaumlöffel herausheben und in Einmachgläser füllen.

Anschließend den Sud weitere 5 Minuten kochen und durch ein Haarsieb über die Kürbisstücke gießen. Die Zimtstangen, Ingwerscheiben und Nelken aus dem Sieb nehmen und auf die Gläser verteilen.

Die Einmachgläser verschließen und in die Fettpfanne des Backofens stellen. So viel Wasser angießen, daß die Gläser 2 cm tief im Wasser stehen.

Die Fettpfanne in den auf 180 °C vorgeheizten Backofen stellen. Wenn im Sud Perlen aufsteigen, den Backofen abschalten und die Gläser im Backofen 30 Minuten sterilisieren.

Das Kürbiskompott bis zur Verwendung kühl lagern.

Diese Beilage schmeckt zu vielen Braten und Wildgerichten.

Nährwerte insgesamt
Kilokalorien 3560, Kilojoule 14970, Eiweiß/g 20, Kohlenhydrate/g 836, Fett/g 8, Ballaststoffe/g 44,0

Eingesottener Kürbis Johanna

einfach, braucht Zeit

- 1,25 kg Kürbisfleisch
- 750 g Zucker
- 1/2 l Weinessig
- 1 Zimtstange
- 5 Gewürznelken
- 1 daumenlanges Stück Ingwer

Das Kürbisfleisch in Würfel von 2 cm Seitenlänge schneiden und abwechselnd mit dem Zucker in ein Steingutgefäß schichten. 3 bis 4 Stunden stehen lassen.

Den Weinessig erhitzen und heiß, aber nicht kochend, darübergießen. Das Gefäß mit dem Deckel verschließen und den Kürbis an einem kühlen, dunklen Ort 4 Tage ziehen lassen.

Zimtstange, Nelken und halbierten Ingwer in ein Mullsäckchen binden. Den Kürbis mit Zucker und Saft aus dem Steingutgefäß in einen Topf geben. Das Gewürzsäckchen einlegen und den Kürbis 10 bis 15 Minuten köcheln lassen, bis die Fruchtstückchen glasig werden. Den Gewürzbeutel entfernen. Die Kürbiswürfel in saubere Gläser füllen, den abgekühlten Sud darübergießen und die Gläser fest verschließen.

Eingesottener Kürbis schmeckt hervorragend zu Gerichten mit Schweinefleisch, Geflügel und zu kalten Platten.

Nährwerte insgesamt
Kilokalorien 3200, Kilojoule 13430, Eiweiß/g 6, Kohlenhydrate/g 780, Fett/g 3, Ballaststoffe/g 13,8

KÜRBIS
JOHANNA
XX

Marinierte Schalotten

Am Vortag zubereiten

einfach, braucht Zeit
4 Portionen

- 500 g Schalotten
- 1 Knoblauchzehe
- 250 g Möhren
- 4 EL Olivenöl
- 1 Zitrone
- 1/8 l Weißwein
- 50 g Sultaninen
- 1 Lorbeerblatt
- Salz
- frisch gemahlener Pfeffer
- 1 TL Thymian
- 250 g Tomaten

Schalotten und Knoblauch abziehen, den Knoblauch fein hacken. Möhren putzen, schälen und würfeln.

Das Olivenöl in einem Topf erhitzen, Möhren und Knoblauch darin einige Minuten dünsten.

Die Zitrone auspressen. Den Saft mit Wein, 1/2 Liter Wasser, Sultaninen, dem Lorbeerblatt, Salz, Pfeffer und Thymian zu den Möhren geben und aufkochen. Schalotten zufügen und bei schwacher Hitze zugedeckt ca. 20 Minuten garen.

In der Zwischenzeit die Tomaten kurz mit kochendem Wasser brühen, häuten, entkernen und in kleine Würfel schneiden.

Das Schalottengemüse mit dem Kochsud in eine Schüssel geben und die gewürfelten Tomaten unterheben. Abkühlen lassen und anschließend im Kühlschrank mindestens 12 Stunden kalt stellen, damit das Gemüse durchziehen kann.

Zum längeren Konservieren das heiße Gemüse in saubere Twist-Off-Gläser füllen.

Nährwerte pro Portion
Kilokalorien 210, Kilojoule 870, Eiweiß/g 3, Kohlenhydrate/g 19, Fett/g 12, Ballaststoffe/g 7,2

Die marinierten Zwiebeln schmecken zu Braten und gekochtem Rindfleisch ebenso wie zu Kasseler, Schinken und kalten Platten.

Silberzwiebeln in Honigmarinade

einfach

- 1 kg Silberzwiebeln
- 50 g Meersalz
- 1 Stück frische Ingwerwurzel, ca. 5 cm
- 4 Knoblauchzehen
- 4 kleine, rote Chilischoten
- 1/2 l Olivenöl
- 100 ml Weißweinessig
- 4 Lorbeerblätter
- 5 Gewürznelken
- Fenchelsamen
- 1 TL Salz
- 150 g flüssiger Honig (Akazienhonig)

Die ungeschälten Zwiebeln in reichlich kochendes Wasser geben. Wenn das Wasser wieder aufkocht, die Zwiebeln abgießen, kalt abschrecken und häuten. Die Zwiebeln in einer Schüssel mit Salz mischen und einen 1/2 Tag stehen lassen. Dann gründlich mit kaltem Wasser spülen und abtropfen lassen.

Den Ingwer schälen, die Knoblauchzehen abziehen und beides fein hacken. Die Chilischoten putzen, aufschlitzen, entkernen und ebenfalls fein hacken.

200 ml Öl in einem weiten Topf erhitzen. Die gut abgetropften Zwiebeln darin wenden, bis sie Farbe annehmen, herausheben und in einer Schüssel mit dem Essig mischen.

Ingwer, Knoblauch, Chilischoten und alle anderen Gewürze im verbliebenen Bratöl unter Rühren dünsten. Das Salz einrühren und die Gewürzmischung mit den Zwiebeln mischen.

Das restliche Öl in den Topf geben, erwärmen und mit dem Honig verrühren.

Die Zwiebeln samt Marinade in saubere Gläser füllen, mit dem Honigöl bedecken und fest verschließen. Die Silberzwiebeln mindestens 4 Wochen in der Marinade ziehen lassen.

Nährwerte insgesamt
Kilokalorien 5120 Kilojoule 21440, Eiweiß/g 12, Kohlenhydrate/g 160, Fett/g 500, Ballaststoffe/g 17,4

Spitzkohl, pikant eingelegt

einfach, braucht Zeit

- 1 kleiner Spitzkohl, ca. 1 kg
- 1 Zimtstange
- 6–8 getrocknete, kleine Chilischoten
- 3 TL Korianderkörner
- 2 TL Fenchelsamen
- 3 EL Salz
- 1 1/2 l Apfelsaft
- 4 EL Sherry
- 4 EL Korn

Die Blätter vom Kohlkopf ablösen und den Strunk entfernen. Die Blätter gründlich waschen und 4 Blätter beiseite legen, sie dienen später zum Abdecken der Gläser. Den restlichen Kohl in fingerdicke Streifen und quer in mundgerechte Stücke schneiden. Die Zimtstange in kleine Stücke zerbrechen. Die Chilischoten grob zerteilen. Den Kohl mit Zimt, Chili, Koriander und Fenchel in sterilisierte Gläser füllen.

Das Salz mit dem Apfelsaft aufkochen und rühren, bis sich das Salz gelöst hat. Den Sherry und den Korn einrühren und die heiße Marinade über den eingelegten Kohl gießen. Er soll ganz damit bedeckt sein. Die Gläser mit den restlichen Kohlblättern abdecken. Offen an einen dunklen, kühlen Ort stellen und den Kohl eine Woche ziehen lassen. Dann die Gläser mit ihren Deckeln verschließen und den Kohl noch weitere 3 bis 4 Wochen reifen lassen.

Nährwerte insgesamt
Kilokalorien 920, Kilojoule 3870, Eiweiß/g 22, Kohlenhydrate/g 181, Fett/g 7, Ballaststoffe/g 20,0

Statt Molke oder Buttermilch kann 1/4 Liter trockener Weißwein als Gärhilfe zugegeben werden.

Sauerkraut

einfach, braucht Zeit
Für einen Gärtopf von 10 Liter Inhalt

- 10 kg Weißkohl oder Spitzkohl
- 80 g Salz
- 2 EL Wacholderbeeren
- 2 EL Kümmel
- 1/4 l Molke oder Buttermilch

Den Kohl putzen und einige große Blätter zum Abdecken aufbewahren. Die Kohlköpfe vierteln und fein hobeln. Den gehobelten Kohl mit dem Salz vermischen. Die Wacholderbeeren leicht quetschen und samt dem Kümmel zugeben.

1/4 der Menge in den Gärtopf füllen und mit dem Krautstampfer kräftig stampfen, bis sich reichlich Saft gebildet hat. Dann schichtweise Kohl nachfüllen und stampfen, bis der Topf zu 4/5 gefüllt ist. Nun die Molke oder Buttermilch als Gärhilfe darübergießen. Mögliche Molkespritzer an der Topfwand sorgfältig abwischen. Die restlichen Kohlblätter auflegen und mit den zum Gärtopf gehörenden Steinen oder mit sauberen, großen Kieselsteinen beschweren.

Achtung: Das Kraut muß so stark gepreßt sein, daß die Steine mit Flüssigkeit bedeckt sind. Sollte der Kohl durch das Stampfen nicht genügend Saft gezogen haben, abgekochtes, schwach gesalzenes Wasser nachfüllen.

In die Rinne am Rand des Gärtopfes Wasser füllen und den Deckel aufsetzen. Das Datum des Tages, an dem eingelegt wurde, festhalten. Den Gärtopf 4 bis 5 Tage bei Raumtemperatur stehen lassen. Danach an einem kühlen Ort aufbewahren. Nach 4 Wochen kann eine erste Probe entnommen werden – das Sauerkraut sollte nach insgesamt 4 bis 5 Wochen fertig sein.

Nährwerte insgesamt
Kilokalorien 1960, Kilojoule 8360, Eiweiß/g 109, Kohlenhydrate/g 336, Fett/g 16, Ballaststoffe/g 230,5

Eingelegter Weißkohl

3 Tage marinieren

einfach, braucht Zeit
8 Portionen

- 1 kleiner Kopf Weißkohl
- 1 rote Bete
- 1 große Möhre
- 1 große Petersilienwurzel
- 1 Knolle Knoblauch
- Salz
- 4 rote Chilischoten
- 3-4 EL Weinessig
- 1/2 l Rote-Bete-Saft

Den Kohl putzen, waschen, in 6 bis 8 Spalten schneiden und den Strunk nur teilweise entfernen, damit die Blätter nicht auseinanderfallen.

Alle Gemüse putzen und schälen. Rote Bete in Spalten, Möhre und Petersilienwurzel in dicke Scheiben schneiden. Den Knoblauch abziehen und große Zehen halbieren.

2 Liter Wasser mit 4 Eßlöffeln Salz aufkochen, die Chilischoten zugeben und 10 Minuten kochen lassen.

In ein Gefäß aus Glas, Steingut oder glasiertem Ton Weißkohl, Gemüse und Knoblauch abwechselnd einschichten.

Den kochenden Sud vom Herd nehmen und mit Essig und Rote-Bete-Saft mischen. Den Sud über das Gemüse gießen und einen Teller mit Gewicht (Stein) zum Beschweren auflegen. Den Weißkohl 3 Tage marinieren lassen. Er hält sich im Kühlschrank 2 bis 3 Wochen.

Eingelegter Weißkohl ist sehr pikant und schmeckt gut zu kalten Platten, Fleisch und Grilladen.

Nährwerte pro Portion
Kilokalorien 60, Kilojoule 250, Eiweiß/g 3, Kohlenhydrate/g 11, Fett/g 0, Ballaststoffe/g 3,6

Kürbis-Tomatenchutney

4 Wochen ziehen lassen

einfach, braucht Zeit

- 250 g Zwiebeln
- 750 g Kürbis
- 1 EL Salz
- 500 g reife, feste Strauchtomaten
- 250 g Äpfel
- 1/8 l Zitronenessig
- 200 g Kandiszucker
- 100 g Honig
- 1 TL Senfkörner
- 1 Messerspitze gemahlene Nelken
- 1 Stange Zimt
- 1/2 TL Anis
- 1/2 TL Ingwerpulver
- 1/2 TL Tabasco

Die Zwiebeln abziehen und hacken. Den Kürbis schälen, entkernen und in Stücke schneiden. Zwiebeln und Kürbis in eine Schüssel geben, salzen und über Nacht ziehen lassen. Dann auf ein Sieb geben und kalt abspülen.

Die Tomaten mit kochendem Wasser überbrühen, häuten, vierteln, entkernen und in Würfel schneiden.

Die Äpfel schälen, vierteln, entkernen und in Spalten schneiden.

Den Essig erhitzen und den Kandiszucker sowie den Honig darin auflösen. Mit dem Gemüse, den Früchten und den Gewürzen etwa 15 Minuten kochen lassen.

Das Chutney heiß in saubere Gläser füllen, sofort verschließen und 4 Wochen an einem kühlen, dunklen Ort ziehen lassen.

Nährwerte insgesamt
Kilokalorien 1530, Kilojoule 6420, Eiweiß/g 17, Kohlenhydrate/g 350, Fett/g 4, Ballaststoffe/g 27,0

Würziges Kürbis-Chutney

einfach, braucht Zeit

- 500 g Kürbisfleisch
- 1 grüne Paprikaschote
- 1 fester, säuerlicher Apfel
- 200 g getrocknete Aprikosen
- 200 g getrocknete Pflaumen
- 400 g rote Zwiebeln
- 3 Knoblauchzehen
- 2 scharfe, rote Chilischoten
- 400 ml Obstessig
- 300 ml Apfelsaft
- 200 g brauner Kandis
- 1 TL Salz
- 1 EL frisch geriebene Ingwerwurzel
- 1 TL Paprikapulver, edelsüß
- je 1/2 TL Nelkenpulver und gemahlener Kardamom
- 1 Zimtstange

Das Kürbisfleisch in kleine Würfel schneiden. Die Paprikaschote waschen, putzen, entkernen und grob hacken. Den Apfel schälen, vierteln, entkernen und in dünne Scheiben schneiden. Die getrockneten Aprikosen und Pflaumen je nach Größe halbieren oder vierteln. Zwiebeln und Knoblauchzehen abziehen und fein hacken. Die Chilischoten putzen, halbieren, entkernen und fein hacken.

Alles in einem weiten Topf mit dickem Boden mischen. Essig, Apfelsaft, Kandiszukker und Gewürze zugeben. Aufkochen und im offenen Topf auf kleiner Hitze ca. 2 Stunden köcheln lassen. Zwischendurch immer wieder umrühren.

Das Chutney ist fertig, wenn es dick vom Löffel fällt. Die Zimtstange entfernen. Das kochendheiße Chutney randvoll in heiß gespülte Gläser füllen und sofort fest verschließen.

Das Kürbis-Chutney schmeckt hervorragend zu allem, was eine würzige Beilage verlangt, z.B. auch anstelle von Tomatenketchup.

Nährwerte insgesamt
Kilokalorien 2240, Kilojoule 9400, Eiweiß/g 27, Kohlenhydrate/g 494, Fett/g 7, Ballaststoffe/g 60,7

Apfelchutney

einfach, braucht Zeit

- 1 kg saure, grüne Äpfel
- 250 g Zwiebeln
- 1 Knoblauchzehe
- 3/8 l Weinessig
- 500 g Zucker
- 3 EL gemahlene Senfkörner
- 2 EL frisch geriebene Ingwerwurzel
- 1 TL Cayennepfeffer
- 250 g Sultaninen

Die Äpfel schälen, vierteln, entkernen und in dünne Scheiben schneiden. Zwiebeln und Knoblauchzehe abziehen und fein hakken. Alles in einen hohen Topf mit dickem Boden geben.

Essig, Zucker, Senfmehl, Ingwerwurzel und Cayennepfeffer zufügen. Aufkochen lassen und 1 Stunde 15 Minuten im offenen Topf auf kleiner Hitze köcheln lassen. Zwischendurch umrühren.

15 Minuten vor Ende der Garzeit die Sultaninen hinzufügen.

Das Chutney ist fertig, wenn es dick genug ist und nicht mehr vom Löffel fließt.

Kochendheißes Chutney randvoll in Gläser füllen und sofort verschließen.

Als Beilage zu kaltem Braten oder Sülze servieren oder zu Fleischfondue reichen.

Nährwerte insgesamt
Kilokalorien 3190, Kilojoule 13360, Eiweiß/g 10, Kohlenhydrate/g 764, Fett/g 6, Ballaststoffe/g 47,6

Walnuß-Pflaumenchutney

4 Wochen ziehen lassen

einfach, braucht Zeit

- 1 kg Pflaumen
- 300 g Zwiebeln
- 1/8 l Weinessig
- 300 g Kandiszucker
- 1 ungespritzte Orange
- 200 g Sultaninen
- 1 TL Salz
- 100 g eingelegter, gehackter Ingwer aus dem Glas
- 1 TL Senfkörner
- 1/2 TL Senfpulver
- 1 Messerspitze Cayennepfeffer
- 1 Messerspitze Kardamompulver
- 1 TL Chilisauce (Fertigprodukt)
- 100 g gehackte Walnußkerne

Die Pflaumen waschen, halbieren, entkernen und in Spalten schneiden.

Die Zwiebeln abziehen und in Scheiben schneiden.

Den Essig erhitzen und den Kandiszucker darin auflösen.

Die Orange heiß abspülen, die Schale fein abreiben und den Saft auspressen.

Die Sultaninen waschen und abtropfen lassen.

Alle Zutaten zum Essigsud geben und etwa 15 Minuten kochen. Heiß in saubere Gläser füllen, sofort verschließen und 4 Wochen an einem kühlen, dunklen Ort ziehen lassen.

Nährwerte insgesamt
Kilokalorien 2770, Kilojoule 11590, Eiweiß/g 30, Kohlenhydrate/g 590, Fett/g 23, Ballaststoffe/g 45,9

Trüffelöl und Steinpilzöl

einfach

- Je 1 l natives Olivenöl wie folgt aromatisieren
- 10 g frische Trüffel, weiß oder schwarz
- 8-10 Scheiben getrocknete Steinpilze
- 4 Zweige Thymian

Trüffelöl

Die weiße Trüffel gibt mehr Geschmack als die schwarze. Die schwarzen Trüffeln kosten allerdings etwa nur die Hälfte. Verwenden Sie Reste, die beim Hobeln übrigbleiben, oder die etwas härtere Außenhaut von schwarzen Trüffeln.

Die Trüffelstücke in die Flasche geben und das Öl zugießen. Nach 2 bis 3 Wochen hat das Öl das Trüffelaroma angenommen. Die Pilzstücke können mehrere Monate im Öl bleiben. Immer wieder frisches Öl nachfüllen.

Steinpilzöl

Die getrockneten Steinpilzscheiben in die Flasche legen. Den Thymian putzen, waschen und gründlich trockentupfen. Die Zweige leicht quetschen, damit sie mehr Aroma abgeben. Den Thymian in die Flasche stecken und mit Öl auffüllen. Der Thymian muß ganz von Öl bedeckt sein, sonst setzt er Schimmel an! Nach 2 bis 3 Wochen das Öl probieren. Wenn es intensiv genug schmeckt, abfiltern und die Flasche wieder fest verschließen.

Nährwerte insgesamt pro 1 l Öl
Kilokalorien 8790, Kilojoule 36820, Eiweiß/g 0, Kohlenhydrate/g 0, Fett/g 995, Ballaststoffe/g 0

Schlehensirup

einfach, braucht Zeit

- 1 kg Schlehen, nach dem ersten Frost geerntet
- 350 g Zucker
- 1/2 TL gemahlener Zimt
- 1 Messerspitze Nelkenpulver

Die Schlehen verlesen, waschen und abtropfen lassen. In einer hitzebeständigen Schüssel mit so viel kochendem Wasser übergießen, daß sie fingerbreit bedeckt sind. Die gebrühten Schlehen 1 Tag in der Schüssel stehen lassen.

Dann die Flüssigkeit abgießen, einmal aufkochen und wieder über die Schlehen gießen. Diesen Vorgang an den nächsten beiden Tagen noch 2- mal wiederholen.

Schließlich den Saft durch ein Seihtuch abfiltern, mit dem Zucker und den Gewürzen in einem Topf verrühren und aufkochen. Den Sirup so lange kochen, bis sich der Zucker ganz gelöst hat. Dann auf heiß gespülte Flaschen ziehen und sofort fest verschließen.

Nährwerte insgesamt
Kilokalorien 1960, Kilojoule 8190, Eiweiß/g 4, Kohlenhydrate/g 468, Fett/g 1, Ballaststoffe/g 0

Preiselbeerlikör

einfach, braucht Zeit

- 500 g reife Preiselbeeren
- 1 unbehandelte Orange
- 300 g brauner Kandis
- 1 l Wodka

Die Preiselbeeren waschen, verlesen und gut abtropfen lassen. Es sollten etwa 400 g einwandfreie Beeren übrigbleiben. Die Preiselbeeren mit einer Gabel leicht zerdrücken. Die Orange waschen und die Hälfte der Schale hauchdünn (ohne die weiße Innenhaut) abschneiden.

Preiselbeeren, Orangenschale und Kandis in 1 oder 2 Flaschen füllen und den Wodka zugießen. Die Flasche fest verschließen und den Ansatz an einem dunklen Ort 2 Monate ziehen lassen. Einmal wöchentlich die Flasche schwenken. Dann den Likör filtern, wieder auf Flaschen ziehen und noch einige Wochen reifen lassen.

Nährwerte insgesamt
Kilokalorien 3590, Kilojoule 15030, Eiweiß/g 0, Kohlenhydrate/g 319, Fett/g 0, Ballaststoffe/g 0

Lemoncello (Zitronenlikör)

einfach, braucht Zeit

- 10 feste Zitronen mit einwandfreier Schale, unbehandelt
- 1 l Alkohol, 90% (aus der Apotheke)
- 1 kg feiner Zucker, extrafein

Die Zitronen bürsten und die äußere Schale (ohne die weiße Innenschale) hauchdünn abschneiden. In einer Ballonflasche mit weitem Hals oder in mehreren Glasgefäßen die Zitronenschale mit dem Alkohol, 1 Liter Wasser und dem Zucker verrühren. Die Flasche fest verschließen und an einem dunklen Ort aufbewahren. Der Likör sollte mindestens 9, besser 12 Monate ziehen. In dieser Zeit die Flasche einmal wöchentlich schwenken und schütteln oder das Gefäß öffnen und die Mischung aufrühren.

Nach dieser Zeit den Lemoncello abseihen, durch ein Mulltuch filtern und auf Flaschen ziehen.

Hinweis: Dieses Likörrezept stammt aus Italien. Dort verwendet man „cedri", eine besondere Zitronensorte, für den Likör. Die Zitronen sollten ausgewachsen sein, können aber im Herbst durchaus noch grün geerntet werden. Je nach Farbe der Zitronenschale ist Lemoncello leicht grünlich oder zitronengelb.

Nährwerte insgesamt
Kilokalorien 10440, Kilojoule 43970, Eiweiß/g 0, Kohlenhydrate/g 998, Fett/g 0, Ballaststoffe/g 0

Holunderbeerlikör

einfach, braucht Zeit

- 500 g Holunderbeeren
- 1 Vanilleschote
- 1/2 Zimtstange
- 200 g weißer Kandis
- 1 l Korn

Die Holunderbeeren waschen, verlesen und gut abtropfen lassen. Die Vanilleschote aufschlitzen, zusammen mit der Zimtstange, dem Zucker und den Beeren in eine Flasche füllen und mit dem Korn aufgießen. Die Flasche an einen dunklen Ort stellen und den Likör 8 Wochen reifen lassen. Den Likör einmal wöchentlich in der Flasche schwenken und schütteln. Dann den Likör abgießen, durch ein Mulltuch filtern und wieder auf Flaschen ziehen.

Nährwerte insgesamt
Kilokalorien 3180, Kilojoule 13330, Eiweiß/g 0, Kohlenhydrate/g 219, Fett/g 0, Ballaststoffe/g 0

Holunderbeerlikör
Preiselbeerlikör
Lemoncello

Süß-saure Feigen in Portwein

einfach

- 2 kg reife, feste blaue Feigen
- 1/2 l Weinessig
- 1/2 l roter Portwein
- 250 g Zucker
- 6 Nelken
- 1 Zimtstange

Die Feigen waschen, trocknen und der Länge nach halbieren. Die Fruchthälften in saubere Einmachgläser schichten.

Weinessig, Portwein, Zucker und Gewürze aufkochen, 10 Minuten köcheln lassen und dann abseihen. Den heißen Sud über die Feigen gießen, so daß sie bedeckt sind. Die Gläser verschließen und die Feigen mindestens 4 Wochen ziehen lassen.

Die süß-sauren Feigen passen als Beilage zu Braten, Wildgerichten und kalten Platten.

Nährwerte insgesamt
Kilokalorien 2640, Kilojoule 11070, Eiweiß/g 26, Kohlenhydrate/g 535, Fett/g 10, Ballaststoffe/g 40,4

Geeignete Birnensorten: fein säuerliche, aromatische Früchte wie Williams Christ, Passa Crassana oder kleine Spalierbirnen. Sie sollen reif, aber fest – nicht hart – sein.

Birnen in Rotwein

einfach, braucht Zeit
4 Portionen

- 3/4 l Rotwein
- 150 g Zucker
- 6 cl Cassis (schwarzer Johannisbeerlikör)
- 2 Gewürznelken
- 4 Birnen

Den Rotwein in einem kleinen Topf, in dem die Birnen gerade Platz haben, aufkochen und mit den anderen Zutaten verrühren, bis sich der Zucker gelöst hat.

Die Birnen schälen, ohne den Stiel zu entfernen und in den Rotweinsud setzen. Je nach Birnengröße die Früchte 12 bis 15 Minuten pochieren. Sie dürfen nicht zerfallen!

Die Birnen mit dem Schaumlöffel aus dem Sud heben, abkühlen lassen und in den Kühlschrank stellen. Den Sud zu einem leichten Sirup einkochen, ebenfalls kühlen und über die Birnen gießen. Die Früchte ab und zu wenden. Die schöne, dunkelrote Farbe nehmen sie erst nach mehreren Stunden an.

Zum Konservieren die Birnen in ein Glas stellen und mit dem Sirup übergießen. Das geschlossene Glas bis zur Verwendung in den Kühlschrank stellen.

Die kalten Rotweinbirnen mit heißer Zabaione oder Weinschaumsauce als Dessert reichen.

Mit eingemachten Preiselbeeren gefüllt, passen sie hervorragend zu Wildgerichten.

Nährwerte pro Portion
Kilokalorien 270, Kilojoule 1140, Eiweiß/g 1, Kohlenhydrate/g 59, Fett/g 0, Ballaststoffe/g 3,9

Kein Rumtopf ohne Zwetschgen! Äpfel und Birnen eignen sich nicht, aber kleine, reife Feigen im ganzen und rundherum eingestochen.

»Auch der Win

er ist nicht ohne«

Tip *Statt Maracujalikör können Rum oder Orangenlikör zugegeben werden. Das Gewicht des Likörs bei der Zuckermenge berücksichtigen!*

Ananas-Grapefruitkonfitüre

einfach

- 1 kg vorbereitete Früchte: 600 g Ananas, 400 g rosa Grapefruit
- Gelierzuckermenge nach Packungsanleitung
- 1/8 l Maracujalikör

Die Ananas schälen, vierteln, die holzige Mitte ausschneiden und das Fleisch klein würfeln. Die Grapefruit samt der inneren weißen Haut schälen, filetieren und den Saft dabei auffangen. Filetieren heißt, die Fruchtspalten aus den Trennhäuten schneiden.

Die Hälfte der Ananas pürieren. Mit den restlichen Würfeln, den Grapefruitspalten und dem Zucker unter Rühren aufkochen. Nach Anleitung wenige Minuten sprudelnd kochen lassen. Den Maracujalikör einrühren und die heiße Konfitüre in saubere Twist-Off-Gläser füllen. Die Gläser verschließen und 10 Minuten auf den Kopf stellen.

Nährwerte insgesamt
Kilokalorien 5000, Kilojoule 20950, Eiweiß/g 5, Kohlenhydrate/g 1148, Fett/g 2, Ballaststoffe/g 10,7

Ananas-Kiwikonfitüre

einfach

- 1 kg vorbereitetes Fruchtfleisch: 700 g Ananas, 300 g Kiwis
- 1 Stück frische Ingwerwurzel, 2 cm
- 2 Limetten
- Gelierzuckermenge nach Packungsanleitung

Die Ananas schälen, die holzige Mitte herausschneiden und das Fruchtfleisch klein würfeln. Die Hälfte davon pürieren. Die Kiwis schälen und ebenfalls würfeln. Den Ingwer schälen und sehr fein hacken. Alles in einen Topf geben.

1 Limette waschen und die Schale fein abreiben. Dann beide Limetten auspressen. Limettensaft und -schale zum Obst geben und die Mischung mit Gelierzucker unter Rühren zum Kochen bringen. Wenige Minuten nach Anleitung sprudelnd kochen lassen und in saubere Twist-Off-Gläser füllen. Die Gläser verschließen und 10 Minuten auf den Kopf stellen.

Nährwerte insgesamt
Kilokalorien 4670, Kilojoule 19580, Eiweiß/g 7, Kohlenhydrate/g 1124, Fett/g 4, Ballaststoffe/g 22,1

Kumquatmarmelade und Kumquatsauce

Die Kumquatsauce wird zur Kumquatmarmelade, wenn sie etwas länger einkocht (bis sie dick vom Löffel fällt). Falls die Kumquatsauce aus Versehen beim Abkühlen zu dick wird, kann sie bei Verwendung mit frisch gepreßtem Orangensaft verrührt werden.

einfach, braucht Zeit

- 500 g frische Kumquats
- 50 g frische Ingwerwurzel
- 5 Orangen (eventuell Blutorangen)
- 2 große Zitronen
- 200 g Zucker
- 4 EL Honig
- 100 ml Grand Marnier

Die Kumquats waschen, vierteln und auskratzen. Es werden nur die Schalen verwendet. Den Ingwer schälen und sehr fein hacken.

Orangen und Zitronen auspressen, den Saft mit den Kumquatschalen, Ingwer und Zucker in einem Topf aufkochen. Offen 5 Minuten köcheln lassen, dabei immer wieder abschäumen.

Das Kompott etwas abkühlen lassen und in mehreren Portionen im Mixer auf Stufe 1 pürieren.

Die Sauce zurück in den Topf geben und dick einkochen lassen (sie wird beim Abkühlen noch etwas dicker). Zuletzt mit Honig und Likör aromatisieren.

Die fertige Kumquatsauce heiß in Twist-Off-Gläser füllen. Sie ist als Sauce ebensogut wie zum Aromatisieren von Cremes, Füllungen, Eis und anderen Sauces.

Nährwerte insgesamt
Kilokalorien 1620, Kilojoule 6800, Eiweiß/g 20, Kohlenhydrate/g 380, Fett/g 0, Ballaststoffe/g 20,0

Zum Abrunden passen 6 Eßlöffel Rum oder Orangenlikör.

Mango-Kiwikonfitüre

einfach

- 2 große Mangos
- 1 kg Kiwis
- Gelierzuckermenge nach Packungsanleitung
- 1 unbehandelte Limette

Die Mangos schälen, das Fleisch vom Stein schneiden und grob würfeln. Die Kiwis schälen und je nach Größe in 4 oder 8 Stükke schneiden. Das vorbereitete Obst abwiegen und in einem Topf mit der entsprechenden Menge Gelierzucker mischen. Die fein geriebene Limettenschale zugeben und die Mischung unter Rühren zum Kochen bringen. Nach Anleitung wenige Minuten sprudelnd kochen lassen. Den Limettensaft einrühren und die heiße Konfitüre in saubere Twist-Off-Gläser füllen. Die Gläser sofort fest verschließen und 10 Minuten auf den Kopf stellen.

Nährwerte insgesamt
Kilokalorien 6980, Kilojoule 29240, Eiweiß/g 12, Kohlenhydrate/g 1670, Fett/g 8, Ballaststoffe/g 44,5

Ingwergelee

einfach

- 70 g frische Ingwerwurzel
- 2 unbehandelte Limetten
- 1 l Birnensaft
- Gelierzuckermenge nach Packungsanleitung

Den Ingwer schälen und fein hacken. Die Limetten waschen und die Schale möglichst dünn abschneiden. Ingwer, Limettenschale und Birnensaft aufkochen, 10 Minuten köcheln lassen, vom Herd nehmen und auskühlen lassen. Den Saft abseihen. Die Limetten auspressen.

Den kalten Birnensaft mit Gelierzucker verrühren, zum Kochen bringen und einige Minuten nach Anleitung sprudelnd kochen lassen. Zuletzt den Limettensaft einrühren. Das kochendheiße Gelee in heiß gespülte Gläser füllen und verschließen.

Variation: Apfel- statt Birnensaft und Zitrone anstelle von Limetten verwenden.

Nährwerte insgesamt
Kilokalorien 4590, Kilojoule 19230, Eiweiß/g 5, Kohlenhydrate/g 1127, Fett/g 2, Ballaststoffe/g 0

Maracuja-Limettengelee

einfach

- 1/2 l frisch gepreßter Limettensaft
- 1/2 l Maracujanektar (Fertigprodukt)
- Gelierzuckermenge nach Packungsanleitung

Den Limettensaft durch ein Mulltuch filtern. Mit dem Maracujanektar und der entsprechenden Menge Gelierzucker unter Rühren zum Kochen bringen. Nach Anleitung unter weiterem Rühren wenige Minuten sprudelnd kochen lassen. Das kochendheiße Gelee in heiß gespülte Gläser abfüllen und verschließen.

Nährwerte insgesamt
Kilokalorien 4810, Kilojoule 20165, Eiweiß/g 5, Kohlenhydrate/g 1142, Fett/g 9, Ballaststoffe/g 0,4

Grapefruitgelee

einfach

- 1 l frisch gepreßter Grapefruitsaft
- Gelierzuckermenge nach Packungsanleitung

Den Grapefruitsaft durch ein Mulltuch filtern, damit er möglichst klar ist. Den kalten Saft mit dem Gelierzucker verrühren, zum Kochen bringen und nach Anleitung kurz sprudelnd kochen lassen. Das Gelee in heiß gespülte Gläser füllen und verschließen.

Nährwerte insgesamt
Kilokalorien 4530, Kilojoule 18960, Eiweiß/g 5, Kohlenhydrate/g 1082, Fett/g 1, Ballaststoffe/g 0,6

Zitronengelee

einfach

- 3/4 l frisch gepreßter Zitronensaft (von 12-14 Früchten)
- Gelierzuckermenge nach Packungsanleitung
- 5 EL Orangenlikör

Den Zitronensaft durch ein Mulltuch filtern, damit er möglichst klar ist. Den Saft mit Wasser auf 1 Liter Flüssigkeit auffüllen. Den Gelierzucker mit dem kalten Saft verrühren, zum Kochen bringen und nach Anleitung wenige Minuten sprudelnd kochen lassen. Den Orangenlikör einrühren, das Gelee in heiß gespülte Gläser füllen und verschließen.

Variation: Nach Belieben die Schale von 1 unbehandelten Zitrone mitkochen und vor dem Abfüllen entfernen.

Nährwerte insgesamt
Kilokalorien 4030, Kilojoule 16870, Eiweiß/g 4, Kohlenhydrate/g 919, Fett/g 3, Ballaststoffe/g 0,9

Eine hübsche Farbe bekommt das Grapefruitgelee, wenn man rosafarbene Früchte verwendet oder für Farbe und Geschmack 100 ml des Safts durch Grenadine oder Campari ersetzt.

Baumtomaten in Maracujasirup

einfach, braucht Zeit
4 Portionen

- 12 Baumtomaten
- 400 g Zucker
- 1/4 l Maracujanektar (Fertigprodukt)

Die Baumtomaten nacheinander in kochendem Wasser 1 Minute blanchieren, mit eiskaltem Wasser abschrecken und die Haut abziehen.

Den Zucker mit dem Maracujanektar und 1/4 l Wasser aufkochen. Die Baumtomaten einlegen und zugedeckt bei mittlerer Hitze 20 Minuten köcheln lassen. Nicht umrühren, weil die Früchte sonst zerfallen.

Die Baumtomaten vorsichtig aus dem Topf heben, in saubere Gläser legen und mit dem Sirup übergießen. Die Gläser verschließen und das Kompott kühl und dunkel lagern.

Nährwerte pro Portion
Kilokalorien 320, Kilojoule 1240, Eiweiß/g 2, Kohlenhydrate/g 77, Fett/g 1, Ballaststoffe/g 1,8

Scharfe Würzsauce aus der Karibik

Die 10 bis 15 cm langen, etwa 2 cm breiten Schoten des aus Afrika stammenden Tamarindenbaums enthalten ein süß-säuerliches Fruchtmark und sehr harte, dunkle Kerne. Mit Tamarindenmark bereitet man Konfitüren, Sorbets, Chutneys, Getränke und Gewürze. Frische Tamarindenschoten findet man hierzulande in asiatischen Spezialgeschäften. Leichter bekommt man das getrocknete Tamarindenmark.

einfach, braucht Zeit

- 100 g Tamarindenschoten oder 50 g Tamarindenmark
- 1 unreife Papaya
- 50 g frische, scharfe Chilischoten
- 120 g Zwiebeln
- 4 Knoblauchzehen
- 2 Limetten
- 1 TL Kurkumapulver
- 2 TL Salz

Tamarindenschoten aufbrechen und die Schalen entfernen. Das Mark mit 1/8 Liter kochendem Wasser übergießen. 1 Stunde weichen lassen und währenddessen mit einer Gabel immer wieder rühren und drücken, bis sich das Mark von den Kernen löst.

Inzwischen die Papaya schälen und fein hacken. Chilischoten entkernen und fein hacken. Die Zwiebeln und Knoblauchzehen abziehen und ebenfalls fein hacken. Die Limetten quer halbieren und auspressen.

Tamarinden und Sud über einer Schüssel in ein feines Sieb gießen und kräftig auspressen, bis nur die Kerne übrigbleiben.

In einem Topf Tamarindensud, Papaya, Chili, Zwiebeln und Knoblauch mit Limettensaft, Kurkuma und Salz vermengen. Unter ständigem Rühren bei großer Hitze zum Kochen bringen und etwa 1 Minute sprudelnd kochen lassen.

Die Sauce etwas abgekühlt im Mixaufsatz oder mit dem Pürierstab bei hoher Geschwindigkeit pürieren, bis ein glattes Mus entsteht. Abschmecken, noch einmal aufkochen und in saubere Twist-Off-Gläser füllen.

Nährwerte insgesamt
Kilokalorien 180, Kilojoule 760, Eiweiß/g 3, Kohlenhydrate/g 1, Fett/g 39, Ballaststoffe/g 6,6

Drei thailändische Würzsaucen

einfach

A) Scharfe Honigsauce mit Knoblauch

- 1 große, rote Paprikaschote
- 4 große, rote Pfefferschoten
- 4 rote Chilischoten
- 4 Knoblauchzehen
- 4 EL helle Sojasauce
- 1 EL dunkle Sojasauce
- 50 g Ingwerwurzel
- 200 g heller, flüssiger Honig
- 200 ml milder Weißwein- oder Obstessig
- 2 EL Öl
- 2 EL Zucker
- 1 TL Salz

B) Chilipaste mit Knoblauch

- 8 Schalotten
- 8 Knoblauchzehen
- 150 g getrocknete Krabben
- 50 g getrocknete Chilischoten
- 100 ml Öl
- 2 EL Tamarindenmus
- 3 EL Fischsauce
- 2 EL Honig

C) Chilisauce

- Je 10 rote und grüne Chilischoten
- 8 Knoblauchzehen
- 2 EL Zucker
- 10 EL Fischsauce
- 8 EL Limettensaft

A) Scharfe Honigsauce mit Knoblauch

Die Paprikaschote waschen, putzen, entkernen und in Würfel schneiden. Pfeffer- und Chilischoten waschen, putzen, aufschlitzen, entkernen und grob hacken. Die Knoblauchzehen abziehen und halbieren.

Paprika, Pfeffer- und Chilischoten und den Knoblauch mit den beiden Sojasaucen in die Küchenmaschine geben und zerkleinern, aber nicht pürieren!

Den Ingwer schälen und mit einem Fleischklopfer flach drücken, bis er stark duftet. Die zerkleinerten Zutaten aus der Küchenmaschine, das ganze Ingwerstück, Honig, Essig und alle anderen Zutaten in einen Topf geben und auf schwacher Hitze so lange kochen, bis die Sauce stark eindickt.

Beim anschließenden Erkalten soll sie zähflüssig werden. Das Ingwerstück entfernen und die heiße Sauce in saubere Twist-Off-Gläser füllen.

B) Chilipaste mit Knoblauch

Die Schalotten und die Knoblauchzehen abziehen und fein würfeln. Die getrockneten Krabben im Mörser fein zerstoßen oder in der Küchenmaschine zerkleinern. Die Chilischoten ebenfalls hacken oder in der Küchenmaschine grob zerkleinern.

Das Öl in einer Pfanne erhitzen, Schalotten, Knoblauch und Chilischoten bei mittlerer Hitze unter Rühren rundherum anbraten. Aus der Pfanne heben und abkühlen lassen.

Die Mischung im Mörser zerstoßen und im verbliebenen Öl in der Pfanne ein zweites Mal erhitzen. Die gestoßenen Krabben zugeben und kurz anbraten.

Das Tamarindenmus mit der Fischsauce verrühren und samt dem Honig in die Pfanne geben. Alles vermischen, einmal aufkochen und in saubere Twist-Off-Gläser füllen.

C) Chilisauce

Die Chilischoten waschen, putzen, der Länge nach aufschlitzen, entkernen und in feine Ringe schneiden. Die Knoblauchzehen abziehen und fein würfeln.

Chili und Knoblauch mit Zucker, Fischsauce und 4 Eßlöffel Wasser aufkochen, bis sich der Zucker gelöst hat. Den Limettensaft einrühren und die Sauce in ein sauberes Twist-Off-Glas füllen. Im Kühlschrank hält sich die Sauce 2 bis 3 Wochen.

A *Nährwerte insgesamt*
Kilokalorien 1170, Kilojoule 4890, Eiweiß/g 14, Kohlenhydrate/g 207, Fett/g 29, Ballaststoffe/g 16,0

B *Nährwerte insgesamt*
Kilokalorien 1660, Kilojoule 6960, Eiweiß/g 103, Kohlenhydrate/g 57, Fett/g 110, Ballaststoffe/g 9,4

C *Nährwerte insgesamt*
Kilokalorien 380, Kilojoule 1570, Eiweiß/g 20, Kohlenhydrate/g 55, Fett/g 8, Ballaststoffe/g 13,4

Sirup von Zitrusfrüchten

einfach

- 400 ml frisch gepreßter Orangensaft
- 400 ml frisch gepreßter Saft von rosa Grapefruits
- 200 ml frisch gepreßter Limettensaft
- 1 kg Zucker

Die frisch gepreßten Zitrussäfte mischen und durch ein Seihtuch filtern. In einem Topf mit dem Zucker unter Rühren zum Kochen bringen. 15 Minuten sprudelnd kochen lassen. Den Sirup in heiß gespülte Flaschen füllen und sofort verschließen.

Nährwerte insgesamt
Kilokalorien 4610, Kilojoule 19290, Eiweiß/g 7, Kohlenhydrate/g 1098, Fett/g 5, Ballaststoffe/g 1,3

Hinweis: Der Sirup schmeckt als Erfrischungsgetränk, mit eiskaltem Mineralwasser oder gekühltem Sekt aufgegossen. Er paßt gut zu Grießflammeri und Vanillepudding und würzt eingekochtes Obst und frischen Fruchtsalat.

Kaffeelikör

einfach, braucht Zeit

- 1 Zimtstange
- 250 g Zucker
- 150 ml sehr starker Espresso
- 1/2 l weißer Rum

Die Zimtstange in mehrere Stücke brechen und mit dem Zucker und 1/4 Liter Wasser in einem Topf aufkochen. Wenn sich der Zucker gelöst hat, den klaren Sirup weitere 10 Minuten köcheln lassen. Vom Herd nehmen und auskühlen lassen. Den Sirup mit Espresso und Rum mischen und in eine dunkle Glasflasche füllen. Den Kaffeelikör mindestens 1 Woche an einem dunklen, warmen Ort ziehen lassen, dann durch einen feinen Filter oder ein Mulltuch gießen und auf eine oder mehrere saubere Flaschen ziehen. Den Kaffeelikör fest verschlossen noch 2 Wochen ruhen lassen.

Nährwerte insgesamt
Kilokalorien 2170, Kilojoule 9100, Eiweiß/g 0, Kohlenhydrate/g 250, Fett/g 0, Ballaststoffe/g 0

Mangolikör

einfach, braucht Zeit

- 2 Mangos
- 2 Stück getrockneter Ingwer
- 200 g weißer Kandis
- 1 Flasche Rum, 700 ml

Die Mango schälen, das Fleisch vom Stein schneiden und würfeln. Mit Ingwer und Kandis in eine Ballonflasche mit weitem Hals geben und mit Rum auffüllen. Die festverschlossene Flasche an einen dunklen Ort stellen und den Ansatz mindestens 6 Wochen ziehen lassen. Ab und zu die Flasche schwenken und schütteln. Dann den Likör abgießen, filtern und wieder auf Flaschen ziehen.

Nährwerte insgesamt
Kilokalorien 2430, Kilojoule 10180, Eiweiß/g 0, Kohlenhydrate/g 200, Fett/g 0, Ballaststoffe/g 0

Orangenlikör

einfach, braucht Zeit

- 6 unbehandelte Orangen
- 500 g Zucker, extrafein
- je 1 Messerspitze gemahlener Zimt und gemahlener Koriander
- 1 l Cognac, Wodka oder weißer Rum

Die Orangen waschen und die Schale sehr dünn (ohne die weiße Innenhaut) abschneiden. Die Orangenschale hacken und die Früchte auspressen. Den Orangensaft mit dem Zucker in einem großen, verschließbaren Einmachglas rühren, bis sich der Zukker auflöst. Die Orangenschale, Zimt und Koriander zugeben und mit dem Alkohol auffüllen. Die Mischung durchrühren und verschlossen an einem dunklen Ort 2 Monate ziehen lassen. Dann den Orangenlikör filtern, auf Flaschen ziehen, fest verschließen und kühl aufbewahren.

Nährwerte insgesamt
Kilokalorien 4400, Kilojoule 18430, Eiweiß/g 0, Kohlenhydrate/g 519, Fett/g 0, Ballaststoffe/g 0

Nach demselben Verfahren können Liköre mit Zitronen oder Mandarinen hergestellt werden.

Mangolikör
Kaffeelikör
Orangenlikör

Exotischer Rumtopf

einfach, braucht Zeit

- 1 1/2 kg vorbereitete Früchte:
  500 g Ananas, 300 g Mango
  200 g rosa Grapefruit
  200 g frische Litschi, 150 g Kiwi
  150 g Physalis (Kapstachelbeeren)
- 1 kg Zucker, extrafein
- 1/8 l Zitronensaft
- 1 Zimtstange
- 2 Flaschen weißer Rum, 1,4 l

Die Früchte schälen, eventuell entkernen und das schiere Fruchtfleisch in Spalten, Scheiben oder Würfel schneiden. Nur Physalis und Litschis ganz lassen. Die Fruchtstücke flach auslegen, mit dem Zucker mischen und mehrere Stunden durchziehen lassen.

Die Früchte in ein oder zwei große Glasgefäße schichten, den Zitronensaft darübergießen und die halbierte Zimtstange auflegen. Zuletzt den Rum zugießen, bis alles bedeckt ist, und das Gefäß verschließen. Den exotischen Rumtopf etwa 6 Wochen an einem kühlen Ort ziehen lassen und dann probieren.

Nährwerte insgesamt
Kilokalorien 8170, Kilojoule 34240, Eiweiß/g 10, Kohlenhydrate/g 1183, Fett/g 4, Ballaststoffe/g 26,7

Rotwein-pflaumen

einfach, braucht Zeit
4 Portionen

- 1/2 l leichter, trockener Rotwein
- 50 g Zucker
- 1/2 Zimtstange
- 3 Gewürznelken
- 200 g entsteinte Trockenpflaumen

Rotwein, Zucker, Zimtstange und die Nelken in einem kleinen Topf einmal aufkochen. Die Pflaumen hineinlegen, aufkochen, dann bei schwacher Hitze ausquellen lassen, bis sie weich sind. Die Früchte anschließend herausheben und in ein Glas legen. Den Sud zum leichten Sirup einkochen und durch ein Sieb über die Pflaumen gießen.

Rotweinpflaumen sind die traditionelle Beilage zu Zimtparfait, zu Nuß- oder Lebkuchensoufflé. Sie passen aber auch zu Wild und anderen Braten.

Nährwerte pro Portion
Kilokalorien 180, Kilojoule 760, Eiweiß/g 2, Kohlenhydrate/g 41, Fett/g 1, Ballaststoffe/g 4,7

Rumfrüchte mit Eis

einfach, Blitzrezept
4 Portionen

- 500 ml Walnuß- oder Vanilleeis
- 1/2 TL Zimt-, Kaffee- oder Kakaopulver
- 400 g Rumtopffrüchte
- 100 g Schlagsahne
- 100 g Teegebäck

Das Eis im Kühlschrank etwa 1 Stunde antauen lassen. In 4 kleine Förmchen streichen.

Mindestens 30 Minuten wieder einfrieren.

Vor dem Servieren die Förmchen in heißes Wasser tauchen und das Eis auf 4 Dessertteller stürzen. Mit Zimt-, Kaffee- oder Kakaopulver bestäuben.

Die Rumfrüchte rundherum anrichten. Die Schlagsahne steif schlagen und die Desserts damit garnieren. Das Teegebäck dazu reichen.

Nährwerte pro Portion
Kilokalorien 500, Kilojoule 2090, Eiweiß/g 6, Kohlenhydrate/g 62, Fett/g 21, Ballaststoffe/g 2,0

Rumfrüchte aus dem Topf mit Eis aus der Familienpackung ist eines der schnellsten und herrlichsten Desserts der Welt. Aber im Rahmen eines festlichen Menüs sollte man es dem Eis nicht ansehen, daß es soeben erst aus der Schachtel gekratzt wurde.

Endlich den Rumtopf genießen!

Adventszeit ist Rumtopfzeit – aber da macht er keine Arbeit mehr, sondern ist nur noch der reine Genuß. In vielen Familien ist es Tradition, an Nikolaus den Rumtopf erstmalig zu versuchen. Er schmeckt herrlich zu Plätzchen und Stollen. Natürlich ist er auch als Dessert eine ideale Ergänzung zu Eis, Vanillecreme, zu Puddings, Soufflées und zu süßen Aufläufen.

Nach den letzten Früchten im Oktober muß der Rumtopf ruhen. Aber 2- bis 3mal umrühren schadet nicht. So löst sich der Zucker besser.

Rezeptverzeichnis